계약해지, 계약갱신, 광고동의서 등 다양한 가맹사업법 서식

프랜차이즈 경영을 위한
가맹사업법 실무매뉴얼

프랜차이즈 경영을 위한 가맹사업법 실무매뉴얼
계약해지, 계약갱신, 광고동의서 등 다양한 가맹사업법 서식

초판 1쇄 발행 2024년 7월 17일

지은이 윤성만
펴낸이 장길수
펴낸곳 지식과감성#
출판등록 제2012-000081호

교정 한장희
디자인 강샛별
편집 강샛별
검수 김지원, 정윤솔
마케팅 김윤길, 정은혜

주소 서울시 금천구 벚꽃로298 대륭포스트타워6차 1212호
전화 070-4651-3730~4
팩스 070-4325-7006
이메일 ksbookup@naver.com
홈페이지 www.knsbookup.com

ISBN 979-11-392-1992-0(03320)
값 25,000원

- 이 책의 판권은 지은이에게 있습니다.
- 이 책 내용의 전부 또는 일부를 재사용하려면 반드시 지은이의 서면 동의를 받아야 합니다.
- 잘못된 책은 구입하신 곳에서 바꾸어 드립니다.

지식과감성#
홈페이지 바로가기

수년간의 사례로 만들어진 알기 쉽고, 편리한 실무매뉴얼

계약해지, 계약갱신, 광고동의서 등 다양한 가맹사업법 서식

프랜차이즈
경영을 위한

가맹사업법
실무매뉴얼

윤성만 지음

윤성만
프랜차이즈법률원에서
사용하는 62개의
유형별 서식 제공

가맹사업법 실무서식을 다룬 최초의 책

가맹문의 → 계약체결 → 개점 및 운영 → 계약갱신 → 계약해지 → 계약종료
가맹계약의 전 과정에 걸친 실무매뉴얼

지식과감성#

머리말

프랜차이즈는 성공한 가맹본부의 사업을 모델 삼아 가맹점사업자와 함께 공유하는 사업 방식입니다. 프랜차이즈가 성장함에 따라 가맹본부의 역할이 점점 커지고 있는 상황 속에서 가맹본부는 가맹사업법을 준수하면서 가맹점사업자와의 분쟁을 예방하여 가맹사업을 더욱 발전시켜야 합니다.

가맹본부는 가맹사업을 운영하는 동안 가맹사업법에서 정한 여러 규정 등을 준수해야 합니다. 하지만, 규정 등을 해석하고 적용해 가는 과정에 있어서 법 규정을 제대로 이해하지 못하여 문제가 발생하고, 이에 대한 해결을 요청하는 사례를 다수 접하였습니다. 계약해지, 계약갱신, 광고동의 등 가맹본부에서 진행하는 법적인 문제에 대하여 가맹점사업자에게 어떻게 통지를 하여야 하는지부터 어려움을 토로하는 사례가 많았습니다.

윤성만프랜차이즈법률원은 2014년부터 현재까지 수시로 바뀌는 법 규정 등을 반영한 최신 자료로 가맹본부에 꼭 필요한 서식을 묶음의 자료 형태로 만든 가맹사업법 실무서식을 자문사에 제공하였습니다. 그 결과 자문사로부터 알기 쉽고, 편리하게 사용할 수 있어서 좋다는 평가를 받아 왔습니다.

프랜차이즈 경영을 위한 가맹사업법 실무매뉴얼은 그동안 자문사에 제공하여 사용한 가맹사업법 실무서식의 내용을 가맹본부의 담당 실무자 모두가 사용할 수 있도록 추가 편집하였습니다.

가맹사업법 실무를 하는 프랜차이즈 가맹본부 담당자가 이 매뉴얼을 통해 상황별로 필요한 서식 내용을 확인하고 업무에 활용하면 큰 도움이 될 것이라 기대합니다.

1999년 창업과 프랜차이즈에 대해 가르쳐 주시고 전문가의 사명을 알려 주신 한국사업연구소 나대석 소장님 그리고 원할머니보쌈 가맹본부인 원앤원(주)에서 슈퍼바이저, 영업기획, 브랜드개발, 물류기획 등 다양한 업무를 통해 성장의 기회를 주신 나병인 상무님, 프랜차이즈 첫 입문의 계기를 만들어 준 누나 윤선이에게 감사합니다.

더불어, 그동안 수시로 자문을 구하는 가맹본부에 내 일처럼 적극적으로 해결안을 찾으려고 애쓰고, 매뉴얼 업데이트에 성심을 다해 온 이재설 팀장, 윤성숙 과장 등 법률원 직원들 또 늘 함께하는 아내 이주아, 아들 현준, 딸 수진에게 고마움을 전합니다.

윤성만프랜차이즈법률원
가맹거래사 윤성만

사용법

프랜차이즈 경영을 위한 가맹사업법 실무매뉴얼은 가맹본부의 법 위반을 예방하고 가맹본부 실무 담당자의 업무를 돕기 위해 작성되었습니다.

실무매뉴얼 사용 전 아래 내용을 먼저 확인 부탁드립니다.

실무매뉴얼을 사용할 경우,

1. 가맹사업법에 대한 이해가 필수적입니다.

가맹사업법 실무 업무를 함에 있어서는 무엇보다 가맹사업법에 대한 이해가 중요합니다. 공정거래위원회와 서울시, 경기도에서 가맹사업법에 대한 주요사항을 정리한 자료가 많이 있기 때문에 실무매뉴얼에서는 제외하였습니다. 아래 자료를 참고하시기 바랍니다.

○ 공정거래위원회 가맹사업거래 발간물 모음 https://franchise.ftc.go.kr/mnu/00019/bbs/63/list.do
○ 서울시 가맹사업거래 정보공개서 자료실 https://news.seoul.go.kr/economy/disclosure_data
○ 경기도 가맹정보제공시스템 https://fair.gg.go.kr

2. 가맹본부의 가맹계약서 내용을 확인하여야 합니다.

이 매뉴얼에 기재된 서식의 내용은 해당 가맹본부의 가맹계약서에서 정한 내용과 다를 수 있습니다. 따라서, 가맹계약서에서 정한 내용과 같이 작성하여야 합니다.

3. 해당 서식 사용 여부를 확인하여야 합니다.

이 매뉴얼에 기재된 서식에는 법률에서 정하지 않은 서식들도 포함되어 있으므로 가맹본부 상황에 따라 서식을 사용하지 않는 것이 이로울 수도 있습니다. 또한, 경미한 계약위반은 계약해지 통지보다 구두로 시정을 요구하거나 경고 통지를 하면 가맹점사업자와의 관계를 원만하게 유지할 수 있습니다.

별도의 서식을 작성하지 않고 가맹계약서 특약사항 등에 기재할 수도 있으므로 서식 사용이 불편한 효과만 발생시킬 수 있으니 사용 여부를 신중하게 검토하여야 합니다.

4. 전문가로부터 검토를 받으시기 바랍니다.

　가맹계약 해지 통지, 가맹계약 갱신 통지 등 법적으로 중요한 내용의 경우 해당 내용을 전문가로부터 검토를 받아 사용하는 것이 가맹본부의 권리를 보호하고 법 위반을 예방할 수 있습니다.

5. 개선점, 추가 필요한 서식 등에 대한 의견을 기다립니다.

　이 매뉴얼에는 부족한 내용이 많으므로 개선할 점이나 추가로 필요한 서식 등에 대한 의견을 저자 이메일(fc123@hanmail.net)로 알려 주시면 부족한 부분은 계속해서 수정하고 보완하겠습니다.

목차

머리말 ··· 4
사용법 ··· 6

1 가맹문의부터 가맹계약 체결 전까지

1.1 가맹점 계약 신청서 ··· 12
1.2 정보공개서, 가맹계약서, 인근가맹점 현황문서 제공확인서 ············· 14
1.3 인근가맹점 현황문서(전자계약, 이메일, 카카오톡, 문자 등 제공용) ··· 17
1.4 가맹계약 체결 전 사실 확인서 ·· 19
1.5 개인정보 수집·이용 및 제3자 제공 동의서(가맹희망자용) ············· 22

가맹사업 궁금한 이야기 1 ·· 24

2 가맹계약 체결 시

2.1 가맹계약 체결 시 주의사항 ·· 28
2.2 매뉴얼 제공 및 준수 확약서 ·· 30
2.3 영업비밀 준수 서약서 ·· 31
2.4 최초 가맹계약기간 준수 합의서 ·· 33
2.5 인테리어 자체 시공 확인서 ·· 35
2.6 경업금지 제외 확인서 ·· 37
2.7 가맹계약서 주요사항 설명 확인서 ·· 39
2.8 개인정보 수집·이용 및 제3자 제공 동의서(가맹점사업자용) ··········· 46

가맹사업 궁금한 이야기 2 ·· 48

3 가맹계약 체결 후부터 가맹점 개점까지

3. 1 가맹점 개점 승인 신청서 ··· 52
3. 2 가맹점 개점 승인 통지서 ··· 54
3. 3 가맹점 개점 보류 통지서 ··· 56
3. 4 가맹점 개점 연기 신청서 ··· 57
3. 5 가맹점 영업개시 확인서 ··· 58

가맹사업 궁금한 이야기 3 ·· 59

4 가맹점 운영 중

4. 1 가맹점 주소 이전 신청서 ··· 62
4. 2 가맹점 영업일 또는 영업시간 변경 신청서 ······································ 64
4. 3 가맹점 양도 신청서 ·· 65
4. 4 가맹점 양도 신청의 승인 통지 ·· 67
4. 5 가맹점 양도 신청의 거절 통지 ·· 68
4. 6 가맹점 양도 승인 및 절차 안내(가맹점 양수예정자) ······················· 69
4. 7 가맹점 상속 신청서 ·· 71
4. 8 가맹계약서 일부 내용 변경 합의서 ·· 73
4. 9 미수금 상환 확약서 ·· 74
4. 10 가맹점 휴업 신청서 ·· 75
4. 11 가맹계약 위반에 대한 손해배상 청구 통지 ···································· 77
4. 12 계약위반 사항 즉시 시정에 따른 손해배상금 유예 합의서 ·········· 78
4. 13 점포환경개선 요구 통지 ··· 80
4. 14 자발적 의사에 의한 점포환경개선 확인서 ····································· 82

가맹사업 궁금한 이야기 4 ·· 83

5 가맹계약 갱신(재계약)

5. 1 가맹사업법에서 정한 가맹계약 갱신 규정 ·· 88
5. 2 가맹계약 기간 만료에 따른 가맹계약 자동 갱신 안내 ································· 92
5. 3 가맹계약 기간 만료에 따른 가맹계약내용 일부 변경 후 갱신 안내 ················ 93
5. 4 가맹계약 기간 만료에 따른 가맹계약 종료(갱신 거절) 안내 ·························· 95
5. 5 가맹계약 갱신(재계약) 요청서(가맹점사업자용) ·· 97
5. 6 가맹계약 종료(갱신 거절) 통지서(가맹점사업자용) ······································· 98
5. 7 가맹계약 종료 통지(가맹점사업자의 갱신 요구 거절) ···································· 99
5. 8 가맹계약 종료 통지(가맹점사업자의 갱신 거절) ··· 101
5. 9 영업지역 변경 합의서 ·· 102

가맹사업 궁금한 이야기 5 ·· 104

6 가맹계약 해지 및 종료

6. 1 가맹사업법에서 정한 가맹계약 해지 규정 ·· 109
6. 2 가맹계약 위반에 따른 경고 통지 ·· 113
6. 3 가맹계약 위반에 따른 시정요구 및 가맹계약해지 통지(1차) ·························· 115
6. 4 가맹계약 위반에 따른 시정요구 및 가맹계약해지 통지(2차) ·························· 117
6. 5 가맹계약 위반에 따른 가맹계약해지 및 종료조치 통지 ································ 120
6. 6 가맹계약 위반에 따른 가맹계약 즉시해지 및 종료조치 통지(영업중단) ············ 122
6. 7 가맹계약 위반에 따른 가맹계약 즉시해지 및 종료조치 통지(시정 후 동일한 위반) ·· 124
6. 8 가맹계약 중도 해지 신청서(가맹점사업자용) ·· 126
6. 9 가맹계약 중도 해지 신청에 따른 가맹계약 해지 안내 ·································· 127
6. 10 가맹계약 해지 합의서 ··· 128
6. 11 가맹계약 위반 사실에 대한 소명 요청 ··· 129
6. 12 지식재산권 침해에 따른 통지 ·· 131
6. 13 상표권침해 고소장 ··· 132

가맹사업 궁금한 이야기 6 ·· 135

7 광고·판촉행사 동의서

7. 1 가맹사업법에서 정한 광고·판촉행사 규정 ·· 140
7. 2 광고 실시 비용분담 동의서(50%, 특정금액 비용분담 한도설정) ················· 144
7. 3 광고 실시 비용분담 동의서(30%, 매출비중, 매출액 비율 한도설정) ············ 146
7. 4 판촉행사 실시 비용분담 동의서(배달앱) ·· 148
7. 5 판촉행사 실시 비용분담 동의서(E쿠폰) ··· 150
7. 6 광고 실시 비용분담 약정서 ··· 152
7. 7 판촉행사 실시 비용분담 약정서 ··· 154
7. 8 매월 광고비 지급 약정서 ··· 156
7. 9 개점마케팅비 지급 약정서 ··· 158
7. 10 광고·판촉행사 관련 집행 내역 통보 의무 규정 ·· 160
7. 11 광고·판촉행사 관련 집행 내역 통보 ··· 163

가맹사업 궁금한 이야기 7 ·· 165

8 예상매출액 산정서

8. 1 가맹사업법에서 정한 예상매출액 산정서 규정 ··· 170
8. 2 인근가맹점 매출액을 활용한 방식에 따른 예상매출액 산정서 ················· 175

가맹사업 궁금한 이야기 8 ·· 180

9 정보공개서

9. 1 정보공개서 정기변경등록 ··· 183
9. 2 정보공개서 변경등록 기한 ··· 185

가맹사업 궁금한 이야기 9 ·· 188

10 윤성만프랜차이즈법률원 소개

1. 가맹문의부터 가맹계약 체결 전까지

1.1 가맹점 계약 신청서

가맹본부는 가맹희망자로부터 가맹계약을 희망하는 내용과 가맹희망자의 주요정보가 기재된 가맹점 계약 신청서를 받을 수 있다. 명칭, 내용 등은 가맹본부의 상황에 따라 정할 수 있으며, 가맹본부에 따라서 투자계획서, 사업계획서, 자기소개서 등을 받을 수 있고, 가맹본부는 가맹희망자로부터 가맹점 계약 신청서 등을 받아 가맹점사업자로서 자격이 충분한지 검토 및 평가를 할 수 있다.

가맹점 계약 신청서

본인은 가맹본부가 운영하는 프랜차이즈의 가맹점 창업을 희망함에 따라 가맹본부에 가맹점 계약을 신청합니다.

성 명		전화번호	
예상투자금액		생년월일	
자택주소			
경력사항	기간		내용
	년 월 일 ~ 년 월 일		
	년 월 일 ~ 년 월 일		
	년 월 일 ~ 년 월 일		
가맹희망지역			
점포보유여부	있음(___층 ___평) / 없음		
점포보유 시 주소			
가맹점 창업 이유			

본인은 성공적인 가맹점 창업을 위해 가맹본부가 진행하는 가맹계약과 관련한 점포조사 등에 대하여 적극적으로 협조하겠습니다.

년 월 일

신청인(가맹희망자) :   (인)

가맹본부 귀중

1. 2 정보공개서, 가맹계약서, 인근가맹점 현황문서 제공확인서

가맹본부는 가맹사업법에 따라 가맹희망자에게 정보공개서, 가맹계약서, 인근가맹점 현황문서를 제공한 날로부터 14일(가맹희망자가 가맹거래사나 변호사의 자문을 받은 경우 7일)이 지나야 가맹계약을 체결하거나 가맹금을 수령할 수 있다.

가맹본부는 아래 4가지 방법 중 선택하여 제공한다.
1. 가맹희망자에게 정보공개서 등을 직접 전달하는 방법
2. 가맹희망자에게 정보공개서 등의 제공시점을 확인할 수 있는 내용증명우편으로 제공하는 방법
3. 정보통신망을 이용하여 정보공개서 등의 내용을 게시한 후 게시사실을 가맹희망자에게 알리는 방법
4. 전자우편, 문자메시지 또는 이동통신단말장치에서 사용되는 애플리케이션을 이용하여 가맹희망자에게 정보공개서 등의 내용이 포함된 전자 파일을 보내는 방법

가맹희망자에게 직접 전달하는 경우,
가맹희망자가 아래 각 목의 내용을 자필로 작성하도록 가맹사업법에서 정하고 있다.
가. 정보공개서를 제공받았다는 사실, 제공받은 일시 및 장소
나. 가맹희망자의 성명·주소 및 전화번호
다. 가맹희망자의 서명 또는 기명날인
라. 가맹본부의 서명 또는 기명날인

위 내용을 근거로 가맹희망자에게 직접 정보공개서, 가맹계약서, 인근가맹점 현황문서를 제공하는 경우 제공확인서를 작성하여 가맹본부와 가맹희망자가 각각 보관하여야 한다.

참고로 가맹본부가 가맹희망자에게 제공하는 정보공개서는 반드시 제공일 기준으로 최종 등록된 버전으로 제공하여야 하며, 심사 중인 정보공개서가 있는 경우 최종 등록된 정보공개서와 심사 중인 정보공개서를 함께 제공하는 것은 가능하다.

※ 본 확인서는 2부를 작성하여 가맹본부와 가맹희망자가 각각 1부씩 보관합니다.　　가맹본부용

정보공개서·가맹계약서·인근가맹점 현황문서 제공확인서

가맹본부		(인)	영업표지	

■ 아래 빈칸에 **"반드시"** 가맹희망자 본인이 직접 자필로 작성하셔야 합니다.

가맹희망자	성명	서명 또는 (인)	전화번호	
	주소			
수령일시		년　월　일　(오전, 오후)　시		
수령장소				
수령확인		아래 빈칸에 "정보공개서, 가맹계약서, 인근가맹점 현황문서를 수령했습니다."라고 작성해 주세요.		
		작성해 주세요 ⇒		

■ 인근가맹점 현황문서 제공

가맹희망자의 장래 **점포 예정지가 속한 광역지방자치단체에서 영업 중인 가장 인접한 가맹점 10개**(정보공개서 제공시점에 가맹희망자의 장래 점포 예정지가 속한 광역지방자치단체에서 영업 중인 가맹점의 수가 10개 미만인 경우에는 해당 광역지방자치단체 내 영업 중인 가맹점 전체)의 정보를 아래 표와 같이 가맹희망자에게 제공합니다.

점포예정지가 속한 광역지방 자치단체 (체크V)	서울	부산	대구	인천	광주	대전	울산	세종	경기
	강원	충북	충남	전북	전남	경북	경남	제주	-

No.	상호 (가맹점명 기재)	소재지(주소 기재)	전화번호
1			
2			
3			
4			
5			
6			
7			
8			
9			
10			

※ 본 확인서는 2부를 작성하여 가맹본부와 가맹희망자가 각각 1부씩 보관합니다.　　　가맹희망자용

정보공개서·가맹계약서·인근가맹점 현황문서 제공확인서

가맹본부		(인)	영업표지	

■ 아래 빈칸에 **"반드시"** <u>가맹희망자 본인이 직접 자필</u>로 작성하셔야 합니다.

가맹희망자	성명	서명 또는 (인)	전화번호	
	주소			
	수령일시	년　월　일　(오전, 오후)　시		
	수령장소			
	수령확인	아래 빈칸에 "정보공개서, 가맹계약서, 인근가맹점 현황문서를 수령했습니다."라고 작성해 주세요. 작성해 주세요 ⇒		

■ 인근가맹점 현황문서 제공

가맹희망자의 장래 **점포 예정지가 속한 광역지방자치단체에서 영업 중인 가장 인접한 가맹점 10개**(정보공개서 제공시점에 가맹희망자의 장래 점포 예정지가 속한 광역지방자치단체에서 영업 중인 가맹점의 수가 10개 미만인 경우에는 해당 광역지방자치단체 내 영업 중인 가맹점 전체)의 정보를 아래 표와 같이 가맹희망자에게 제공합니다.

점포예정지가 속한 광역지방 자치단체 (체크V)	서울	부산	대구	인천	광주	대전	울산	세종	경기
	강원	충북	충남	전북	전남	경북	경남	제주	-

No.	상호 (가맹점명 기재)	소재지(주소 기재)	전화번호
1			
2			
3			
4			
5			
6			
7			
8			
9			
10			

1. 3 인근가맹점 현황문서(전자계약, 이메일, 카카오톡, 문자 등 제공용)

그동안 대부분의 가맹본부는 정보공개서, 가맹계약서, 인근가맹점 현황문서를 서면으로 제공하고 제공확인서를 수령하였다. 가맹사업법 시행령 개정으로 지난 2023년 11월 16일부로 카카오톡으로 정보공개서, 가맹계약서, 인근가맹점 현황문서를 제공하는 것이 가능해졌으며, 카카오톡으로 제공하는 경우 제공확인서는 작성하지 않아도 된다.

작성과 관련하여 점포예정지가 속한 광역지방자치단체 내에서 영업 중인 가장 인접한 가맹점 10개를 기재한다. 인접한 가맹점 선정은 기초자치단체(시·군·구)가 아닌 광역자치단체(특별시·광역시·도·특별자치시·특별자치도)를 기준으로 하며, 거리상 인근에 있어도 동일한 광역지방자치단체가 아닌 경우 기재하지 않는다. 또한, 인근가맹점 현황문서 제공시점 기준 해지, 종료, 폐업된 가맹점은 제외되며, 가맹점이 아닌 직영점(가맹본부 명의 점포)도 제외된다.

아래는 카카오톡이나 전자계약, 이메일 등으로 제공 시 사용하는 인근가맹점 현황문서이다.

인근가맹점 현황문서

가맹본부	
영업표지	
가맹희망자	
점포 예정지	

가맹희망자의 장래 **점포 예정지가 속한 광역지방자치단체에서 영업 중인 가장 인접한 가맹점 10개**(정보공개서 제공시점에 가맹희망자의 장래 점포 예정지가 속한 광역지방자치단체에서 영업 중인 가맹점의 수가 10개 미만인 경우에는 해당 광역지방자치단체 내 영업 중인 가맹점 전체)의 정보를 아래 표와 같이 가맹희망자에게 제공합니다.

점포예정지가 속한 광역지방 자치단체 (체크V)	서울	부산	대구	인천	광주	대전	울산	세종	경기
	강원	충북	충남	전북	전남	경북	경남	제주	-

No.	상호 (가맹점명 기재)	소재지(주소 기재)	전화번호
1			
2			
3			
4			
5			
6			
7			
8			
9			
10			

1. 4 가맹계약 체결 전 사실 확인서

가맹본부는 가맹계약 체결 전 가맹희망자가 가맹계약 내용을 제대로 인지하지 못하여 발생할 수 있는 분쟁을 예방하고자 가맹계약의 중요사항을 가맹희망자에게 설명하고 확인서를 받을 수 있다.

가맹본부에 따라 가맹계약서 내용이 다르므로 가맹계약서 내용에 따라 수정(삭제 또는 추가)하여 운영할 수 있으며, 2. 7 가맹계약서 주요사항 설명 확인서 내용과 중복될 수 있으므로 가맹본부의 정책에 따라 선택적으로 사용할 수 있다.

가맹계약 체결 전 사실 확인서

가맹희망자인 본인은 가맹계약 체결 전 아래 내용을 확인하며 확인서를 작성합니다.

- 아 래 -

1. 가맹점 점포 선정 및 임대차계약 등의 책임

가맹계약 및 가맹점 운영을 위한 점포 선정과 임대차계약 등을 진행하는데, 가맹본부와 가맹본부 직원은 가맹희망자가 점포를 조사하고 결정하는 데 있어 조언이나 지원을 할 수는 있으나 그 점포에 대한 최종 의사결정 및 임대차계약 등은 가맹희망자 본인의 책임과 결정으로 진행합니다. 따라서, 가맹희망자는 가맹본부와 가맹본부의 직원에게 점포 선정과 임대차계약 등과 관련하여 책임이 없음을 확인합니다.

2. 가맹점의 매출액 미보장

가맹본부는 가맹희망자 또는 가맹점사업자에게 가맹점의 매출액을 보장하지 않습니다. 규모, 상권, 경쟁점포, 마케팅 유무 등과 상품의 품질, 서비스 정도, 가맹점의 청결 및 이미지, 가맹점사업자의 경영능력 등 매출액을 결정하는 요인이 많아 정확한 매출액을 추정하는 데 어려움이 있습니다. 또한, 가맹점사업자가 직접 투자하고 운영하는 것이므로 가맹본부는 가맹점의 매출액에 대하여 보장하지 않습니다.

가맹본부 또는 가맹본부의 직원이 가맹점의 매출액과 관련하여 보장하거나 제안을 한 사례가 있는 경우 그 내용을 가맹계약 체결 전 또는 본 확인서 작성 시 가맹본부에 보고하여야 합니다. 다만, 법률에서 가맹본부(법에서 정한 예상매출액 산정서 제공의무가 있는 가맹본부)가 가맹희망자에게 제공할 의무가 있는 예상매출액 산정서는 법률에 따라 가맹계약 체결일에 제공할 수 있습니다.

3. 가맹점의 수익액 및 수익률 미보장

가맹본부는 가맹희망자 또는 가맹점사업자에게 가맹점의 수익액 또는 수익률을 보장하지 않습니다. 가맹점의 수익액 또는 수익률은 매출액, 임대료, 인건비, 기타 경비나 가맹점사업자의 가맹점 운영 참여 정도에 따라 달라질 수 있고, 가맹점 자체 구입 물품의 가격, 영업규정 준수 정도 등에 따라서 달라지므로 가맹본부는 수익액 또는 수익률을 보장하지 않습니다.

가맹본부 또는 가맹본부의 직원이 가맹점의 수익액 또는 수익률과 관련하여 보장하거나 제안을 한 사례가 있는 경우 그 내용을 가맹계약 체결 전 및 본 확인서 작성 시 가맹본부에 보고하여야 합니다. 다만, 가맹점의 원재료비는 물품공급가격의 변경, 매뉴얼 준수여부, 계절적 요인, 직접 구입물품의 구입가격 등에 따라 차이가 날 수 있습니다.

4. 가맹점의 직원 채용 및 관리에 대한 가맹점사업자의 책임

가맹점사업자는 가맹점 운영과 관련하여 필요한 직원을 직접 채용하여 관리할 책임이 있습니다. 또한, 가맹점사업자는 가맹본부 및 가맹본부의 직원에게 채용 및 관리와 관련하여 지원을 요청하고 조언을 받을 수 있으나, 가맹본부와 가맹본부의 직원은 직원 채용 및 관리에 대한 책임이 없습니다.

5. 매뉴얼 준수 등 프랜차이즈 사업의 통일성을 위한 준수

프랜차이즈 사업은 동일한 브랜드를 사용하고 가맹본부의 영업규정에 따라 동일하게 운영하는 사업입니다. 따라서, 가맹점사업자는 가맹본부가 정한 물품을 사용하고 가맹본부가 정한 메뉴 등을 가맹본부가 정한 방식에 따라 판매하여야 합니다. 따라서, 가맹점사업자는 독립된 경영에 제한을 받고 물품사용 및 영업활동에 대해 규제를 받습니다. 가맹본부로부터 사전 승인을 받지 않고 메뉴를 추가하거나 삭제하는 행위, 가맹본부가 정하지 않은 물품을 사용하는 행위 등은 중요한 가맹계약 위반으로 가맹계약 해지 및 손해배상 책임이 있을 수 있습니다.

6. 가맹계약서에서 정한 영업지역에 대한 해석
가맹계약서에서 정한 영업지역은 영업활동범위가 아닌 가맹본부 또는 계열회사가 가맹점사업자의 영업지역 안에서 가맹점사업자와 동일한 업종의 직영점이나 가맹점을 추가로 출점하지 못하도록 보호해 주는 지역입니다.

7. 가맹본부가 가맹희망자에게 제안한 내용
가맹본부가 가맹계약서에서 정한 내용 외 가맹희망자에게 제안한 내용을 기재합니다. 향후 가맹계약서 특약사항 등에 기재하여야 효력이 있습니다.

_____

_____

_____

본인은 가맹본부에서 제공한 가맹계약서 및 정보공개서 등을 확인하고, 가맹계약 체결 유무를 종합적으로 신중하게 검토 후 결정할 것이며, 위 내용에 동의하며 확인서를 제출합니다.

년   월   일

가맹희망자 :   (인)

가맹본부 귀중

1. 5 개인정보 수집·이용 및 제3자 제공 동의서(가맹희망자용)

 가맹본부는 가맹희망자로부터 성명, 휴대폰번호 등 개인정보를 수집·이용함에 따라 개인정보 수집·이용 및 제3자 제공 동의서를 받아 운영할 수 있다. 개인정보의 수집·이용 목적, 수집하려는 개인정보의 항목, 개인정보의 보유·이용 기간, 개인정보를 제공받는 자 등 기재사항은 가맹본부의 상황에 따라 상이하게 기재할 수 있다.

개인정보 수집·이용 및 제3자 제공 동의서

본인이 가맹본부인 귀사의 가맹점 계약을 문의 및 신청함에 따라 본인의 개인정보를 수집·이용하거나 제3자에게 제공하는 것에 동의합니다.

1. 개인정보의 수집·이용 동의(필수)

개인정보의 수집·이용 목적	수집하려는 개인정보의 항목	개인정보의 보유·이용 기간
가맹희망자의 이력, 경력, 상황 등 확인, 상담, 검토 등의 진행 및 관리	성명, 성별, 생년월일, 주소, 전화번호, 휴대전화번호, 이메일, 사진, 학력, 경력, 투자가능금액	동의일로부터 1년

귀하께서는 개인정보의 수집·이용에 대한 동의를 거부할 권리가 있습니다. 그러나 동의를 거부할 경우 가맹상담, 계약 체결 등에 제한 또는 불이익이 있을 수 있습니다.

위와 같이 개인정보를 수집·이용하는 것에 동의합니다.   □ 동의함 □ 동의하지 않음

----

2. 개인정보의 제3자 제공 동의(필수)

개인정보를 제공받는 자	개인정보를 제공받는 자의 개인정보 이용목적	제공하는 개인정보의 항목	개인정보를 제공받는 자의 보유·이용 기간
**컨설팅, **인테리어	영업대행회사의 가맹상담, 인테리어 등에 대한 견적 등	성명, 주소, 전화번호, 휴대전화번호, 이메일, 점포예정지 주소	동의일로부터 1년

귀하께서는 개인정보의 제3자 제공 동의를 거부할 권리가 있습니다. 그러나 동의를 거부할 경우 가맹상담, 계약 체결 등에 제한 또는 불이익이 있을 수 있습니다.

위와 같이 개인정보를 제3자에게 제공하는 것에 동의합니다. ☐ 동의함 ☐ 동의하지 않음

개인정보 제공자는 전화, 서면 등으로 아래의 담당자를 통해 개인정보 수정, 삭제를 요청할 수 있습니다.
개인정보 보호책임자 및 취급자 : 홍길동 02-****-****

본인은 개인정보 수집·이용 및 제3자 제공 동의서의 내용을 이해하였습니다.

년　월　일

성　명 : 　　　　　(인)
생년월일 :

가맹본부 귀중

가맹사업 궁금한 이야기 1

월간 창업앤프랜차이즈 2017년 1월 기고

물품대금, 카드 결제 거부할 수 있나요?

A치킨 가맹본부에서 3년째 근무하고 있는 이 팀장은 최근 몇몇 가맹점사업자에게 "이제부터 물품대금을 카드로 결제해도 된다는데 우리는 언제부터 카드로 할 수 있느냐?"라는 질문을 받았다. 이 팀장은 "우리는 카드 결제를 하지 않으니 지금처럼 현금으로만 결제해 주셔야 한다."라고 말했다. 그런 이 팀장에게 돌아오는 말은 "카드 결제 안 하면 법에 걸리지 않나요?"라는 반문이었다. 가맹점사업자들이 이런 요구를 하게 된 이유는 얼마 전 공정거래위원회에서 '가맹본부가 가맹점의 카드 결제 요청을 거부하지 못하게 하는 방안을 적극적으로 추진 중'이라는 뉴스를 보았기 때문이다.

이런 경우 A치킨 가맹본부와 같이 계속해서 현금만으로 물품대금을 처리하겠다고 기존 업무방식을 고수한다면 바로 법 위반이 되는가? 결론부터 말하면, 가맹본부는 가맹점사업자가 물품대금을 신용카드로 결제 요구할 경우 요청을 승낙하여야 하는 것이 원칙이다. 다만, 가맹본부가 신용카드가맹점이 아닌 경우에는 카드 결제 요청을 거부할 수 있고 이는 법 위반이 아니다.

그럼 왜 물품대금의 카드 결제를 거부하는 것이 어떤 경우에는 위법에 해당하고, 또 다른 경우에는 그렇지 않을 수 있는가를 관련 법규를 통해서 알아보자. 이에 적용되는 법으로는 소득세법, 법인세법, 여신전문금융업법이 있다.

우선, 소득세법 제162조의2 제1항과 법인세법 제1항에서는 '국세청장은 주로 사업자가 아닌 소비자에게 재화 또는 용역을 공급하는 사업자로서 일정 요건에 해당하는 사업자에 대해서 신용카드가맹점으로 가입하도록 지도할 수 있다'고 규정하고 있으므로, 가맹본부가 직영점이나 다른 유통채널을 통해 소비자에게 상품 등을 판매한다면 신용카드가맹점으로 가입할 법적 의무를 진다고 볼 수 있다.

[소득세법]

제162조의2(신용카드가맹점 가입·발급의무 등)

① 국세청장은 주로 사업자가 아닌 소비자에게 재화 또는 용역을 공급하는 사업자로서 업종·규모 등을 고려하여 대통령령으로 정하는 요건에 해당하는 사업자에 대해서 납세관리를 위하여 필요하다고 인정되는 경우 「여신전문금융업법」 제2조에 따른 신용카드가맹점으로 가입하도록 지도할 수 있다.

⑤ 국세청장은 신용카드에 의한 거래를 거부하거나 신용카드매출전표를 사실과 다르게 발급한 신용카드가맹점에 대해서 그 시정에 필요한 사항을 명할 수 있다.

제177조(명령사항 위반에 대한 과태료)

관할 세무서장은 다음 각 호의 어느 하나에 해당하는 명령사항을 위반한 사업자(제3호의 경우에는 법인을 포함한다)에게 2천만원 이하의 과태료를 부과·징수한다.

1. 제162조의2제5항에 따른 신용카드가맹점에 대한 명령

[소득세법 시행령]

제210조의2(신용카드가맹점의 가입 등)

① 법 제162조의2제1항에서 "대통령령으로 정하는 요건에 해당하는 사업자"란 소비자에게 재화 또는 용역을 공급하는 별표 3의2에 따른 소비자상대업종(이하 "소비자상대업종"이라 한다)을 영위하는 다음 각 호의 어느 하나에 해당하는 사업자로서 업종과 규모 등을 고려하여 국세청장이 정하는 바에 따라 사업장소재지관할세무서장 또는 지방국세청장으로부터 신용카드가맹점 가입대상자로 지정 받은 자를 말한다.

1. 직전 과세기간의 수입금액(결정 또는 경정에 의하여 증가된 수입금액을 포함한다. 이하 이 조에서 같다)의 합계액이 2천400만원 이상인 사업자
2. 제147조의2에 따른 사업자
3. 「부가가치세법 시행령」 제109조제2항제7호에 따른 사업자

[법인세법]

제117조(신용카드가맹점 가입·발급 의무 등)

① 국세청장은 주로 사업자가 아닌 소비자에게 재화나 용역을 공급하는 법인으로서 업종 등을 고려하여 대통령령으로 정하는 요건에 해당하는 법인에 대하여 납세관리를 위하여 필요하다고 인정되면 신용카드가맹점으로 가입하도록 지도할 수 있다.

⑤ 국세청장은 신용카드에 의한 거래를 거부하거나 신용카드 매출전표를 사실과 다르게 발급한 신용카드가맹점에 대하여 그 시정에 필요한 명령을 할 수 있다.

제124조(명령사항위반에 대한 과태료)

납세지 관할 세무서장은 다음 각 호의 어느 하나에 해당하는 명령사항을 위반한 법인에 2천만원 이하의 과태료를 부과·징수한다.

1. 제117조제5항에 따른 신용카드가맹점에 대한 명령

[법인세법 시행령]

제159조(신용카드가맹점의 가입 등)

① 법 제117조제1항에서 "대통령령으로 정하는 요건에 해당하는 법인"이란 「소득세법 시행령」 별표 3의2에 따른 소비자상대업종을 영위하는 법인을 말한다.

그러나 가맹본부가 직영점이나 다른 유통채널을 통해 소비자에게 상품 등을 판매하지 않는다면 신용카드가맹점으로 가입할 법적 의무는 없다고 볼 수 있으며, 이런 가맹본부에서 가맹점사업자에게만 물품을 공급한다면 가맹점사업자의 카드 결제 요청을 정당하게 거부할 수 있게 되는 것이다.

결국 A치킨 가맹본부 이 팀장이 가맹점사업자에게 말한 내용은(카드 결제 거부에 대한 위법 여부) 직영점이나 다른 유통채널을 통해 소비자에게 상품 등을 판매하고 있는지에 따라서 결정된다.

또한, 여신전문금융업법 제19조 제1항에서는 '신용카드가맹점은 신용카드회원에게 신용카드 결제를 거부하거나 불리한 대우를 할 수 없다'고 규정하고 있으므로, 가맹본부가 직영점을 통해 소비자에게 상품 등을 판매하는지 여부와 관계없이 가맹본부가

신용카드가맹점이라면 가맹본부는 신용카드 회원인 가맹점사업자의 카드 결제를 거부할 수 없고 이를 위반하는 경우 1년 이하의 징역 또는 1천만원 이하의 벌금에 처해질 수 있다. 그러나, 가맹본부가 신용카드가맹점이 아닌 경우에는 가맹점사업자의 카드 결제 요청을 거부하여도 이 법규에 위반되지 않는다.

> **[여신전문금융업법]**
> **제19조(가맹점의 준수사항)**
> ① 신용카드가맹점은 신용카드로 거래한다는 이유로 신용카드 결제를 거절하거나 신용카드회원을 불리하게 대우하지 못한다.
> **제70조(벌칙)**
> ④ 다음 각 호의 어느 하나에 해당하는 자는 1년 이하의 징역 또는 1천만원 이하의 벌금에 처한다.
> 4. 제19조제1항을 위반하여 신용카드로 거래한다는 이유로 물품의 판매 또는 용역의 제공 등을 거절하거나 신용카드회원을 불리하게 대우한 자

이제는 가맹본부가 가맹점사업자의 카드 결제 요청에 대해 법률적인 부분과 경영적인 부분을 종합적으로 파악하여 가맹점사업자와 상생 협력하는 관계를 유지하는 방향으로 물품대금 결제방식을 재검토해야 할 시점이다.

2. 가맹계약 체결 시

2.1 가맹계약 체결 시 주의사항

☐ **정보공개서, 가맹계약서, 인근가맹점 현황문서 제공여부 및 제공일**

가맹본부는 가맹희망자에게 정보공개서, 가맹계약서, 인근가맹점 현황문서를 제공하고 14일이 지난 날부터 가맹계약을 체결하거나 가맹금을 수령할 수 있다. 따라서, 제공여부 및 제공근거를 확인하고, 가맹계약 체결일이 제공일로부터 14일이 지났는지 확인이 필요하다.

예로 1월 1일에 제공한 경우 1월 16일부터 가맹계약 체결이 가능하다.

☐ **정보공개서 등 수령자와 동일한 명의로 계약**

가맹본부로부터 정보공개서, 가맹계약서, 인근가맹점 현황문서를 받은 사람과 가맹계약을 체결하는 사람의 명의가 다른 경우 가맹사업법에서 정한 정보공개서 등 사전 제공의무를 위반한 것이 되므로 정보공개서 등을 수령한 자와 가맹계약자가 동일한지에 대해 확인이 필요하다.

☐ **가맹점명**

가맹점명에 대해 가맹계약 시 급하게 정하여 여러 문제가 발생하는 경우가 많으므로 사전에 가맹희망자에게 가맹점명에 대해 안내하고 가맹계약서에 가맹점명을 정확하게 기재한다.

☐ **특약사항 확인**

가맹계약서 본문에서 정하지 않은 내용이나 양 당사자의 합의에 따라 다르게 정한 내용의 경우 특약사항에 해당 내용을 기재하여 가맹계약을 체결하는데, 가맹본부가 특약사항 내용에 대해 제대로 확인을 하지 못하여 이행을 못 하거나 관리가 되지 않아 분쟁이 발생하는 경우가 있으므로 특약사항 기재를 가능한 한 최소화하고, 기재한 경우 이에 대한 관리가 필요하다.

예로 가맹계약서 본문에는 영업지역을 500미터로 정하고 있는데 특약사항에 영업지역을 800미터로 정하였을 경우, 가맹본부가 이를 확인하지 못하여 영업지역 내에 다른 가맹점을 계약하여 법 위반 및 분쟁이 발생한 사례가 있다.

2.2 매뉴얼 제공 및 준수 확약서

가맹본부는 가맹점사업자에게 매뉴얼을 제공하고 준수할 것과 향후 계약을 해지 또는 종료할 경우 제공한 매뉴얼에 대해 반환의무를 정한 매뉴얼 제공 및 준수 확약서를 가맹점사업자로부터 받아 운영할 수 있다.

매뉴얼 제공 및 준수 확약서

1. 본인은 가맹본부와 가맹계약을 체결한 가맹점사업자입니다.

2. 본인은 가맹본부로부터 아래와 같은 매뉴얼을 제공받았습니다.

제공받은 매뉴얼 목록	1. 2. 3.

3. 본인은 가맹본부로부터 제공받은 매뉴얼을 숙지하고 매뉴얼에 따라 가맹점을 운영하며 매뉴얼이 변경되는 경우 변경된 매뉴얼을 숙지하고 변경된 매뉴얼에 따라 가맹점을 운영할 것을 확약합니다.

4. 본인은 가맹본부와 체결한 가맹계약이 해지 또는 종료되는 경우 즉시 가맹본부로부터 제공받은 매뉴얼을 반환할 것을 확약합니다.

5. 본인은 가맹본부로부터 제공받은 매뉴얼이 가맹본부의 영업비밀에 해당됨을 확인하고 제공받은 매뉴얼에 대하여 일부 또는 전부를 제3자에게 누설하거나 무단으로 복사 또는 유출하지 않을 것이며, 이를 위반하는 경우 그에 대한 민·형사상 책임을 다하고, 이와 관련하여 가맹본부에 어떠한 이의나 문제를 제기하지 않을 것을 확약합니다.

년   월   일

가맹점명 :   가맹점사업자명 :   (인)

가맹본부 귀중

2. 3 영업비밀 준수 서약서

영업비밀이란 공공연히 알려져 있지 않고 독립된 가치를 지니는 것으로서, 비밀로 관리된 생산방법, 판매방법, 그 밖에 영업활동에 유용한 기술상 또는 경영상의 정보를 말한다.

본 서약서는 가맹점사업자가 가맹본부로부터 제공받은 영업비밀을 외부로 유출하지 않도록 하는 등 가맹점사업자에게 영업비밀유지의무를 준수하고 이를 위반할 경우에는 손해배상책임 등 불이익이 발생될 수 있다는 내용을 각인시킴과 동시에 영업비밀 목록을 명시함으로써 향후 발생할 수 있는 분쟁을 예방하고 권리를 주장하는 데 필요한 문서이다.

영업비밀 준수 서약서

본인은 가맹본부와 가맹계약을 체결함에 따라 가맹본부의 영업비밀을 준수할 것을 서약합니다.

1. 본인은 영업비밀 목록에 기재된 자료나 정보를 포함하여 본인이 가맹계약을 체결·유지하면서 알게 되거나 제공받은 가맹본부의 영업노하우 등 영업활동에 유용한 기술상 또는 경영상의 제반 자료나 정보가 가맹본부의 영업비밀로서 보호되는 것임을 확인합니다.

영업비밀 목록	1. 2. 3.

2. 본인은 가맹본부의 영업비밀을 오로지 가맹계약에 따른 권리·의무를 이행하기 위한 목적으로만 사용할 것이고, 가맹본부의 사전 서면 동의 없이는 임의로 다른 목적에 사용하거나 제3자에게 제공·대여·공개·누설하거나 무단으로 인쇄·복제·편집 등 부정한 방법으로 사용하지 않겠습니다.

3. 본인은 본인의 귀책사유로 가맹본부의 영업비밀을 분실, 도난 및 침해당한 경우 본인의 비용과 책임으로 이를 회수하는 등 최선을 다해 필요한 수습조치를 취하겠습니다.

4. 본인은 가맹계약이 해지 또는 종료되거나 가맹점운영권을 양도하는 경우 가맹본부의 영업비밀을 사본 등 어떠한 형태로든 개인적으로 보관하지 아니하고, 가맹계약의 해지 또는 종료 시 가맹계약기간 중 보유하였던 가맹본부의 영업비밀을 가맹본부에 즉시 반환하거나, 반환할 수 없는 것은 회복 불가능하게 폐기하고 폐기 사실을 확인하는 서면을 제출하는 등 가맹본부의 요청에 따른 필요한 제반 조치를 취하겠습니다.

5. 본인은 본인이 고용한 직원 등이 가맹본부의 영업비밀을 준수할 수 있도록 모든 책임을 다할 것이며 본인이 고용한 직원 등의 귀책사유로 발생하는 가맹본부의 영업비밀 침해 등의 문제에 대해서는 본인이 사용자로서 모든 책임을 부담하겠습니다.

6. 본인은 가맹본부의 영업비밀을 가맹계약의 계약기간 중은 물론이고 가맹계약이 해지되거나 종료된 이후, 가맹점운영권을 양도한 이후에도 영업비밀로서 유지·관리하는 데 최선을 다하겠습니다.

7. 본인은 상기 사항을 위반할 경우 가맹계약서에서 정한 위약금   원을 가맹본부에 지급하기로 하며, 부정경쟁방지 및 영업비밀보호에 관한 법률 등 관련 법령에 따른 민·형사상 모든 책임을 질 것을 엄중히 서약합니다.

년   월   일

가맹점명 :   가맹점사업자명 :   (인)

가맹본부 귀중

2. 4 최초 가맹계약기간 준수 합의서

가맹본부는 가맹점사업자와 최초 가맹계약기간을 준수하는 것으로 하는 가맹계약을 체결하는 경우 이에 대해 가맹본부와 가맹점사업자가 합의서를 작성하여 운영할 수 있다.

최초 가맹계약기간 준수 합의서

1. 가맹본부는 가맹계약 체결과 관련하여 가맹점사업자가 최초 가맹계약기간을 준수하는 조건으로 아래 사항을 지원합니다.

최초 가맹계약기간	년 월 일 ~ 년 월 일
가맹본부 지원사항	1. 2. 3.

2. 가맹점사업자는 최초 가맹계약기간 중 가맹점사업자의 귀책사유로 가맹계약이 해지되는 경우 위약금으로 가맹본부로부터 지원받은 금액을 해지되는 날 즉시 가맹본부에 지급하여야 하며 그 금액은 일금   원입니다.

3. 가맹본부는 가맹점사업자가 성실하게 가맹점을 운영하였으나 3개월 이상 가맹점을 운영할 수 있는 매출액(3개월 평균 매출액   원 미만)이 발생하지 않아 가맹계약을 해지하는 경우 위약금을 청구하지 않습니다.

4. 가맹본부는 가맹점사업자에 대한 지원 의무를 다하고 가맹점사업자는 최초 가맹계약기간 준수 의무를 다할 것을 상호 합의합니다.

가맹본부와 가맹점사업자는 본 합의서를 2부 작성하여 당사자 간 1부씩 보관하기로 합니다.

년   월   일

가맹본부   **가맹점사업자**

회 사 명 :   가맹점명 :

대표이사 :   (인)   성   명 :   (인)

2. 5 인테리어 자체 시공 확인서

가맹점사업자는 가맹본부가 정한 매뉴얼에 따라 자체적으로 인테리어업체를 선정하여 공사를 진행할 수 있다. 인테리어에 대해 가맹점사업자가 자체적으로 진행하는 경우 매뉴얼에 따라 시공할 수 있도록 확인서를 받아 운영할 수 있다.

인테리어 자체 시공 확인서

본인은 가맹본부와 가맹계약을 체결한 가맹점사업자로 가맹점의 운영에 필요한 인테리어 및 시설을 가맹본부가 지정한 업체가 아닌 직접 혹은 제3자를 통해서 시공하는 것과 관련하여 다음의 각 사항을 확인하고 준수하기로 함에 따라 이 확인서를 가맹본부에 제출합니다.

1. 본인은 가맹계약에 의거하여 본인의 가맹점 내·외부의 인테리어 및 시설을 가맹본부에서 정한 사양과 기준에 따라 시공해야 할 의무가 있음을 확인합니다.

2. 본인은 인테리어를 직접 혹은 제3자를 통해서 시공하는 경우 정보 제공에 대한 매뉴얼비로 3.3㎡당   원을 가맹본부에게 인테리어 시공 전까지 지급해야 할 의무가 있고, 가맹본부는 통일성 유지를 위한 매뉴얼을 제공하는 것이므로 인테리어 및 시설 등에 대한 모든 책임은 본인에게 있음을 확인합니다.

3. 본인은 가맹점의 인테리어 등을 가맹본부의 규정에 따라 관리하고 운영해야 하고 가맹본부가 정하지 않은 인테리어를 추가 공사하는 경우 가맹본부의 사전 서면 승인을 받아야 함을 확인합니다.

4. 가맹본부에게 제공받은 매뉴얼에 따라 시공하지 않은 경우 가맹본부는 철거, 재시공 등을 요구할 수 있고, 이에 따라 개점 일정이 연기될 수 있습니다. 이에 대한 책임은 가맹점사업자인 본인에게 있음을 확인합니다.

5. 본인은 위 사항을 위반하는 경우 가맹계약 해지 절차 등이 진행될 수 있음을 확인합니다.

년　　월　　일

가맹점명 :　　　　　　　　가맹점사업자명 :　　　　　(인)

가맹본부 귀중

2. 6 경업금지 제외 확인서

가맹계약서에서는 동일한 업종을 할 수 없다는 경업금지규정을 정하고 있다. 그런데, 가맹계약 체결 시 가맹점사업자가 기존에 동일한 업종을 운영하고 있는 경우 가맹본부가 이를 인정하고 가맹계약을 체결하는 사례가 많다. 이 경우 인정한 동일한 업종 운영현황에 대해 명확하게 확인을 하는 것이 향후 분쟁을 예방할 수 있다.

경업금지 제외 확인서

1. 가맹본부와 가맹점사업자는 가맹계약서에서 정한 경업금지규정을 준수할 의무가 있습니다.

2. 가맹계약서에서 정한 경업금지규정에 따라 가맹본부는 가맹본부의 영업노하우 등이 침해될 가능성이 있는 동일한 업종을 가맹점사업자가 하지 못하도록 하고 있으며, 가맹점사업자는 가맹계약 기간 동안 동일한 업종을 운영할 수 없습니다.

3. 그러나, 가맹본부는 가맹점사업자와 가맹계약을 체결하면서 가맹계약 체결 이전부터 운영 중인 동일한 업종은 가맹계약서에서 정한 경업금지규정을 적용하지 않는 것으로 가맹점사업자와 합의하였습니다.

4. 가맹본부와 가맹점사업자가 합의한 경업금지규정에 적용하지 않는 점포 현황은 아래와 같습니다.

상호	대표자	주소

5. 가맹점사업자는 운영하고 있는 동일한 업종 점포 등에 가맹본부의 노하우 등 영업비밀이 침해되지 않도록 노력하여야 합니다. 또한, 물품의 이용, 물품의 공유 등 가맹계약의 위반이 발생할 가능성이 높다는 것을 인지하고 이를 위반하지 않도록 합니다.

년   월   일

가맹점명 :   가맹점사업자명 :   (인)

가맹본부 귀중

2. 7 가맹계약서 주요사항 설명 확인서

　가맹계약 체결 시 가맹희망자가 가맹계약 내용을 제대로 인지하지 못하고 있어 발생할 수 있는 분쟁을 예방하고자 가맹계약의 주요사항을 가맹희망자에게 설명하고 확인서를 받는 것을 추천하고 있다. 이는 법률상 의무사항이 아니며 가맹본부에 따라 가맹계약서 내용이 다르므로 가맹계약서 내용에 따라 수정(삭제 또는 추가)하여 운영할 수 있다.

　가맹본부는 약관의 규제에 관한 법률에서 정한 규정을 준수하기 위해 가맹계약서에서 정한 주요내용을 가맹점사업자에게 설명하였고 가맹점사업자는 이를 정확하게 이해한 상태에서 가맹계약을 체결하였음을 확인한다는 확인서를 받아 분쟁을 예방할 수 있다.

가맹계약 주요사항 설명 확인서

가맹희망자인 본인(가맹계약 체결 전이므로 가맹희망자이나, 이하에서는 가맹계약 체결 전·후 중요사항을 기술하고 있으므로 편의상 가맹점사업자라 칭합니다. 다만, 가맹계약 체결 전까지 가맹희망자가 가맹점사업자의 지위를 갖는 것은 아님을 알려 드립니다.)은 아래와 같은 가맹계약 주요사항과 이를 위반하는 경우 가맹계약 해지나 갱신이 거절될 수 있고 손해배상책임 등이 있을 수 있음에 대해 가맹본부의 설명을 듣고 충분히 이해한 후 이에 동의함을 확인하는 근거로 각 페이지 우측 하단에 날인 또는 서명한 본 확인서를 가맹본부에 제출합니다.

- 아　래 -

1. 가맹점사업자는 본인의 책임과 권한으로 가맹점 입지를 정하였으므로 가맹본부나 가맹본부의 직원에게 가맹점 입지 선정과 관련하여 일체의 책임이 없음을 확인하고, 가맹점의 개점과 관련된 인허가 사항 및 상가규약, 임대차계약 등의 확인은 가맹점사업자의 책임임을 확인합니다.

2. 가맹점사업자는 가맹본부와 가맹본부의 직원이 어떠한 형태로든 가맹점사업자의 매출액, 수익액, 수익률이나 성공을 보장하지 않았으며 운영하게 될 가맹점의 매출액 및 수익 등은 가맹점사업자의 관리능력이나 영업환경의 변화에 따라 변동될 수 있음을 확인합니다.

3. 가맹점사업자는 가맹본부로부터 예상매출액 산정서를 제공받은 경우 예상매출액 산정서에 기재된 예상매출액은 가맹본부가 보장하는 것이 아님을 확인하고, 실제 매출액은 상권변화, 고객변화, 가맹점사업자의 노력차이 등 기타 환경변화에 따라 변동될 수 있으므로 예상매출액을 전적으로 신뢰하지 않아야 함을 확인합니다.

4. 가맹점사업자는 정보공개서 Ⅳ. 1. 4) 표에 기재된 그 밖에 지급하여야 하는 비용 또는 홈페이지 등에 기재된 창업비용은 일반적인 면적을 기준으로 가맹본부가 추정하는 금액을 기재한 것이고 기타 점포환경 등에 따라 추가구입비용이나 추가공사비용이 있을 수 있으므로 실제 지불금액은 달라질 수 있음을 확인합니다.

5. 가맹점사업자는 가맹본부로부터 제공받은 정보공개서에 기재된 내용 중 변경된 내용이 있는 경우 변경된 내용에 대하여 사전에 안내받고 확인하였으며 이에 동의하고 가맹계약을 진행함을 확인합니다.

6. 가맹점사업자는 가맹계약서에서 정한 영업지역은 가맹본부가 가맹계약기간 중 가맹점사업자와 동일한 업종의 자기 또는 계열회사의 직영점이나 가맹점을 설치하지 않는 것으로 정한 지역이며, 가맹점사업자의 영업활동을 독점적·배타적으로 보호하는 지역을 의미하지 않으므로 다른 가맹점이나 직영점에서 가맹점사업자의 영업지역에 배달영업 등을 할 수 있고 가맹본부는 이를 통제할 수 없음을 확인합니다.

7. 가맹점사업자는 가맹비는 계약금 성격의 금전으로 계약 체결 후에는 반환하지

않음을 원칙으로 하고, 교육비는 교육이 시작된 경우 반환하지 않으며, 계약이 행보증금은 가맹계약이 종료되면 계약의 종료와 그 조치에서 정한 가맹점사업자의 의무가 이행된 후 채무액 또는 손해배상액을 상계하여 정산된 금액으로 반환됨을 확인합니다.

8. 가맹점사업자는 영업표지 사용에 대한 대가로 가맹점을 개점한 해당 월부터 로열티를 가맹본부가 정한 계좌로 지급하여야 하고 가맹점 매출이나 수익과 관계없이 적자인 경우에도 지급할 의무가 있는 금액임을 확인하며 물가 상승, 기타 환경변화 등 정당한 사유가 있는 경우 가맹본부는 로열티 금액을 변경할 수 있음을 확인합니다.

9. 가맹점사업자는 가맹본부가 실시하는 교육에 반드시 참여하고 이수해야 함을 확인합니다.

10. 가맹점사업자는 가맹점을 개점하기 위해서는 가맹계약서 등에서 정한 자료를 가맹본부에 제출하고 이 계약에 의한 가맹점을 영위하기 위하여 제반 의무와 관련 법률상에 요구되는 요건을 충실히 이행한 후 가맹본부로부터 개점승인을 받아야 함을 확인합니다.

11. 가맹점사업자는 가맹본부의 사전 서면 승인 없이 가맹계약서에 표시된 가맹점명, 가맹점사업자, 소재지 등의 사항을 임의로 변경할 수 없음을 확인합니다.

12. 가맹점사업자는 가맹점(사업장)을 가맹사업 운영을 위해서만 사용할 수 있고, 가맹본부의 서면 동의 없이 다른 목적이나 영업(샵인샵 등)에 사용할 수 없음을 확인합니다.

13. 가맹점사업자는 가맹계약서 등에서 정한 영업일 및 영업시간 동안 개점하여 정상적으로 영업을 하여야 하고 무단으로 휴업할 수 없으며, 가맹본부의 승인 없이 영업일 또는 영업시간을 조정할 수 없음을 확인합니다.

14. 가맹점사업자는 가맹사업의 통일성과 표준화를 유지하기 위하여 가맹본부가 제시하는 영업규정, 매뉴얼, 레시피 등을 준수하여야 함을 확인합니다.

15. 가맹점사업자는 가맹본부가 브랜드의 독창성과 통일성을 유지하기 위하여 거래상대방을 강제하는 물품을 가맹본부의 사전 서면 승인 없이 자점매입 할 수 없음을 확인합니다.

16. 가맹점사업자는 거래상대방을 권장하는 물품에 대해서 직접 업체를 선정하여 구입하는 경우 브랜드의 독창성과 통일성을 유지하기 위하여 가맹본부가 정한 동일한 품질(사양, 모델, 규격 등)의 물품으로 구입하여야 하고 필요한 경우 품질 준수 여부에 대한 가맹본부의 사전 승인을 받아야 함을 확인합니다.

17. 가맹점사업자는 가맹본부가 가맹점사업자에게 물품 등을 독점적으로 공급받을 권리를 부여하는 것이 아니므로 가맹본부가 가맹점사업자에게 공급하는 물품이나 공급하지 않는 물품을 가맹사업과는 다른 유통경로에 공급할 수 있음을 확인합니다.

18. 가맹점사업자는 가맹본부 또는 가맹본부가 지정한 사업자가 공급하는 물품의 공급가격은 가맹본부 또는 가맹점사업자가 지정한 사업자가 정하며 공급가격은 시장상황에 따라 인상 또는 인하될 수 있음을 확인합니다.

19. 가맹점사업자는 가맹본부가 가맹점사업자에게 물품공급 등의 과정에서 수익(차액가맹금)이 발생할 수 있으며, 판매장려금을 받을 수 있음을 확인합니다.

20. 가맹점사업자는 물품 등을 공급받는 즉시 수량 및 품질을 검사하며, 하자나 수량부족이 있을 경우 가맹본부 또는 가맹본부가 지정한 사업자에게 즉시 서면으로 통지하여야 함을 확인합니다.

21. 가맹점사업자는 가맹사업의 통일성과 표준화를 유지하기 위하여 가맹본부가

지정한 상품(메뉴)이나 서비스를 임의로 변경(추가 또는 삭제)하여 판매할 수 없음을 확인합니다.

22. 가맹점사업자는 가맹본부가 권장하는 상품(메뉴)이나 서비스의 소비자가격이 아닌 다른 소비자가격으로 상품(메뉴)이나 서비스를 판매하고자 하는 경우 가맹본부에 사전 서면 통보하고 협의하여야 함을 확인합니다.

23. 가맹점사업자는 가맹본부가 계약기간 중에 판매하는 상품(메뉴)이나 서비스를 변경(추가 또는 삭제 포함)하거나 공급하는 물품의 종류와 내용(규격, 가격, 거래상대방 등)을 변경하는 경우 변경한 내용을 적용하여 가맹점을 운영하여야 함을 확인합니다.

24. 가맹점사업자는 가맹사업의 운영을 위한 직원, 아르바이트생 등을 고용 시에 고용주로서 일체의 책임을 지므로 가맹본부는 가맹점사업자의 가맹점 직원, 아르바이트생 등의 근로관계 및 급여 등에 대해서 일체의 책임이 없음을 확인합니다.

25. 가맹점사업자는 가맹점사업자와 가맹점사업자가 채용한 직원, 아르바이트생 등 가맹점에서 근무하는 자가 고객으로부터 클레임이 발생하지 않도록 주의 의무를 다하여야 하고, 클레임이 발생한 경우 본인의 책임과 비용으로 발생한 클레임을 신속히 해결하며 재발되지 않도록 개선 관리하여야 함을 확인합니다.

26. 가맹점사업자는 고객과 가맹본부와 가맹본부의 임직원, 가맹본부의 협력업체(직원 포함) 등에게 대면, 전화, 문자메시지, 배달앱, 정보통신망 등을 통한 모욕적인 언행, 협박, 폭력 등의 행위를 하여서는 아니 됨을 확인합니다.

27. 가맹점사업자는 가맹사업법에서 정한 바에 따라 광고 및 판촉행사에 대한 사전 동의비율이 충족되는 경우 본인이 동의하지 않더라도 해당 광고나 판촉행

사에 대한 분담 비용을 가맹본부에게 지급하여야 하고 이에 적극 참여하여야 함을 확인합니다.

28. 가맹점사업자는 결제수단에 관계없이 가맹점에서 판매된 모든 매출 정보를 POS에 의무적으로 입력하여야 함을 확인합니다.

29. 가맹점사업자는 가맹본부가 상품 및 용역의 구입과 판매에 관한 회계장부 등 가맹본부의 통일적 사업경영 및 판매전략의 수립에 필요한 자료 등을 가맹본부가 정한 기준에 따라 보고하거나 자료 제출을 요구하는 경우 허위 기재 및 누락사항 없이 정확하게 작성하여 가맹본부에 보고하거나 자료를 제출하여야 함을 확인합니다.

30. 가맹점사업자는 가맹본부의 영업비밀에 해당할 수 있는 정보(영업규정, 매뉴얼, 레시피, 물품공급가격 등)를 가맹점 운영 외 다른 목적으로 사용하거나 제3자에게 제공, 대여, 공개 등을 하여서는 아니 됨을 확인합니다.

31. 가맹점사업자는 가맹계약서에서 정한 경업금지 기간까지 가맹본부의 사전 서면 승인 없이 자기 또는 제3자의 명의로 동종영업행위를 할 수 없음을 확인합니다.

32. 가맹점사업자는 가맹본부 또는 가맹본부가 지정하는 자가 점검이나 관리 상태를 확인하기 위해 영업시간 중에 가맹점사업자의 가맹점에 출입하는 경우 출입을 거부하거나 점검을 방해, 비협조적 태도 등을 하여서는 아니 됨을 확인합니다.

33. 가맹점사업자는 가맹계약서에서 정한 금전지급의무를 지체하는 경우 미지급액에 대하여 지급기일의 다음 날부터 지급하는 날까지 가맹계약서에서 정한 비율에 의한 지연이자를 가산하여 지급하여야 함을 확인합니다.

34. 가맹점사업자는 임대차계약 종료 등 가맹본부의 귀책사유 없는 사정으로 가맹점을 이전, 축소, 확장, 리뉴얼하는 경우 가맹점의 인테리어, 간판, 기타 시설, 각종 설비의 설치, 철거 등 소요되는 비용은 가맹점사업자가 부담하여야 하며, 이 경우에도 가맹사업의 독창성과 통일성 유지를 위해 가맹본부가 정한 사양, 모델, 규격 등에 따라 설치하고 가맹본부의 사전 승인을 받아야 함을 확인합니다.

35. 가맹점사업자는 가맹점운영권을 양도하려는 경우에는 2개월 전에 가맹본부에 서면으로 통지하여 가맹본부의 서면 승인을 얻어야 함을 확인하고, 가맹본부의 사전 서면 승인 없이 이루어진 양도 등은 효력이 없으며, 가맹본부는 가맹점사업자와의 이 계약을 해지할 수 있음을 확인합니다.

36. 가맹점사업자는 가맹계약 기간의 만료 또는 계약해지에 의해 계약이 종료된 경우 즉시 가맹본부의 영업표지 등의 지식재산권의 사용을 중단하고 이를 철거하며(홈페이지나 블로그, 지역정보 등 인터넷상의 사용도 포함), 가맹본부로부터 교부받은 일체의 자료(매뉴얼 등)도 반환하여야 함을 확인하며, 세무서에서 발급하는 폐업사실증명서(다른 영업을 하는 경우 변경된 사업자등록증)를 가맹본부에 제출하여야 함을 확인합니다.

37. 가맹점사업자는 가맹계약 종료 시 가맹계약서에서 정한 영업표지 등의 철거 의무를 지체하는 경우 가맹계약서에서 정한 지연보상금을 가맹본부에 지급하여야 함을 확인합니다.

년   월   일

가맹점명 :   가맹점사업자명 :   (인)

가맹본부 귀중

2. 8 개인정보 수집·이용 및 제3자 제공 동의서(가맹점사업자용)

가맹본부는 가맹점사업자로부터 성명, 휴대폰번호, 주소, 사업자등록번호 등 개인정보를 수집·이용함에 따라 개인정보 수집·이용 및 제3자 제공 동의서를 받아 운영할 수 있다. 개인정보의 수집·이용 목적, 수집하려는 개인정보의 항목, 개인정보의 보유·이용 기간, 개인정보를 제공받는 자 등 기재사항은 가맹본부의 상황에 따라 상이하게 기재할 수 있다.

개인정보 수집·이용 및 제3자 제공 동의서

본인이 가맹본부인 귀사의 가맹점 계약을 체결하고 가맹점을 운영함에 따라 본인의 개인정보를 수집·이용하거나 제3자에게 제공하는 것에 동의합니다.

1. 개인정보의 수집·이용 동의(필수)

개인정보의 수집·이용 목적	수집하려는 개인정보의 항목	개인정보의 보유·이용 기간
가맹점사업자의 관리 및 지원, 운영하는 가맹점에 대한 관리 및 지원	성명, 성별, 생년월일, 주소, 전화번호, 휴대전화번호, 이메일, 사진, 가맹점주소, 가맹점전화번호, 사업자등록번호	가맹계약 종료일로부터 1년

귀하께서는 개인정보의 수집·이용에 대한 동의를 거부할 권리가 있습니다. 그러나 동의를 거부할 경우 계약 체결, 가맹점 운영 등에 제한 또는 불이익이 있을 수 있습니다.

위와 같이 개인정보를 수집·이용하는 것에 동의합니다.   □ 동의함 □ 동의하지 않음

----

2. 개인정보의 제3자 제공 동의(필수)

개인정보를 제공받는 자	개인정보를 제공받는 자의 개인정보 이용목적	제공하는 개인정보의 항목	개인정보를 제공받는 자의 보유·이용 기간
**디자인, **마케팅	브랜드 디자인 업무, 브랜드 마케팅 업무 등의 진행	성명, 주소, 전화번호, 휴대전화번호, 이메일, 사업자등록번호	가맹계약 종료일로부터 1년

귀하께서는 개인정보의 수집·이용에 대한 동의를 거부할 권리가 있습니다. 그러나 동의를 거부할 경우 계약 체결, 가맹점 운영 등에 제한 또는 불이익이 있을 수 있습니다.

위와 같이 개인정보를 제3자에게 제공하는 것에 동의합니다. ☐ 동의함 ☐ 동의하지 않음

개인정보 제공자는 전화, 서면 등으로 아래의 담당자를 통해 개인정보 수정, 삭제를 요청할 수 있습니다.
개인정보 보호책임자 및 취급자 : 홍길동 02-****-****

본인은 개인정보 수집·이용 및 제3자 제공 동의서의 내용을 이해하였습니다.

년   월   일

가맹점명 :
생년월일 :
성   명 :   (인)

가맹본부 귀중

가맹사업 궁금한 이야기 2

월간 창업앤프랜차이즈 2017년 2월 기고(일부 수정)

가맹본부는 가맹점사업자와 인테리어 계약을 할 수 있나?

서울 교대역에서 8년째 고깃집을 운영하는 김 씨는 지난해부터 가맹사업을 시작하여 2호점 계약을 준비하고 있던 터에 2호점 가맹희망자가 뜬금없는 질문을 해 왔다. "제 친구가 실내 인테리어를 하고 있는데요. 가맹본부가 인테리어 계약을 하면 법 위반이라고 합니다. 이게 맞는 말인가요?"

김 씨는 2호점의 인테리어와 관련하여 1호점과 같이 가맹본부가 직접 가맹점사업자와 인테리어 계약을 하고 인테리어업체에게 도급을 줄 것인지, 아니면 인테리어 업체가 가맹점사업자와 인테리어 계약을 직접 체결하게 하고 가맹본부는 감리만 할지를 고민하고 있었던 차였다.

인테리어 계약 자체가 위법이란 말은 금시초문이었던 김 씨는 "에이~ 제가 아는 가맹본부들도 계약은 그냥 가맹본부가 다 하고, 인테리어 시공만 인테리어 업체에 맡기던데요?"라고만 말하고 그 자리를 나섰다. 그렇게 말하고 뒤돌아 나오는 김 씨의 머릿속 한편에 "인테리어 계약 자체가 위법이 된다고?" 하며 법률적으로 문제가 없는지 의문이 생겼다.

가맹본부가 가맹점사업자와 인테리어 계약을 체결할 경우 이는 건설산업기본법상의 건설업을 행하는 것이다. 따라서 가맹본부는 건설산업기본법에 따른 건설업등록을 마친 후 가맹점사업자와 인테리어 계약을 진행해야 적법한 계약을 체결할 수 있게 된다. 다만, 공사금액이 1,500만원 미만인 경우 건설업 등록을 하지 않아도 된다.

김 씨의 경우처럼 다수의 가맹본부가 건설업 등록을 하지 않고 인테리어 계약을 체결하고 있다. 그러나 이는 건설산업기본법 위반으로 형사 처벌(5년 이하의 징역 또는 5천만원 이하의 벌금)을 받을 수 있는 일이 된다는 것을 모르고 있다.

더욱이 가맹본부가 건설업 등록을 한 인테리어 업체에 시공에 대해 도급을 주면 본사가 직접 시공하는 것이 아니므로 법 위반이 아니라고 착각하는 경우도 즐비하다. 그러나 건설산업기본법 제9조에 따른 '건설업을 하려는 자'의 행위에는 인테리어 공사를 진행하기 위한 '계약행위' 자체도 건설업을 행하는 것으로 보고 있으므로 가맹본부가 가맹점사업자와 인테리어 계약을 체결하는 행위는 건설산업기본법의 적용을 받게 된다.

[건설산업기본법]

제9조(건설업 등록 등)

① 건설업을 하려는 자는 대통령령으로 정하는 업종별로 국토교통부장관에게 등록을 하여야 한다. 다만, 대통령령으로 정하는 경미한 건설공사를 업으로 하려는 경우에는 등록을 하지 아니하고 건설업을 할 수 있다.

제95조의2(벌칙)

다음 각 호의 어느 하나에 해당하는 자는 5년 이하의 징역 또는 5천만원 이하의 벌금에 처한다.

1. 제9조제1항에 따른 등록을 하지 아니하거나 부정한 방법으로 등록을 하고 건설업을 한 자

[건설산업기본법시행령]

제8조(경미한 건설공사등)

① 법 제9조제1항 단서에서 "대통령령으로 정하는 경미한 건설공사"란 다음 각 호의 어느 하나에 해당하는 공사를 말한다.

2. 별표 1에 따른 전문공사를 시공하는 업종과 그 업종별 업무내용에 해당하는 건설공사로서 공사예정금액이 1천5백만원 미만인 건설공사.

그렇다면 김 씨의 경우처럼 건설업 등록을 하지 않은 가맹본부는 어떤 방법으로 인테리어 공사를 계약하여야 할까? 건설업 등록을 하지 않고서도 가맹본부의 브랜드 통일성을 유지하려면 어떤 방식으로 인테리어 공사를 진행하여야 할까?

가맹본부가 건설업 등록을 한 인테리어 업체를 권장하면서 가맹점사업자가 자유롭게 인테리어 업체를 선정하고 직접 계약을 체결하도록 한 후 가맹본부가 브랜드 통일성 유지를 위해 직접 감리를 진행하는 방법이 있다. 그러나 이 과정에서 가맹본부가 본인 또는 특정한 인테리어 업체와 계약할 것을 강제하는 경우 불공정거래행위가 될 수 있으므로 유의하여야 하고 가맹본부가 부당하게 높은 감리비를 받는 경우에도 불공정거래행위가 될 수 있으므로 합리적인 범위 내에서 감리비를 책정하여 가맹점과 가맹본부가 통일된 브랜드의 힘을 갖는 공동의 사업을 일궈 나가야 할 것이다.

일반적으로 가맹본부가 건설산업기본법상의 건설업 등록을 한다는 것은 현실적으로 어려운 점이 많다. 그런데도 가맹본부가 건설업 등록을 하지 않고 인테리어 계약을 체결하고 있다면 이는 법 위반으로 형사 처벌을 받을 수 있으므로 신속하게 바로잡아야 할 것이다.

[가맹사업거래의 공정화에 관한 법률]
제12조(불공정거래행위의 금지)
① 가맹본부는 다음 각 호의 어느 하나에 해당하는 행위로서 가맹사업의 공정한 거래를 저해할 우려가 있는 행위를 하거나 다른 사업자로 하여금 이를 행하도록 하여서는 아니 된다
2. 가맹점사업자가 취급하는 상품 또는 용역의 가격, 거래상대방, 거래지역이나 가맹점사업자의 사업활동을 부당하게 구속하거나 제한하는 행위

[가맹사업거래의 공정화에 관한 법률 시행령]

제13조(불공정거래행위의 유형 또는 기준)

① 법 제12조제2항의 규정에 의한 불공정거래행위의 유형 또는 기준은 별표 2와 같다.

별표 2 불공정거래행위의 유형 또는 기준(제13조제1항관련)

2. 구속조건부 거래

법 제12조제1항제2호에 해당하는 행위의 유형 및 기준은 다음 각 목의 어느 하나와 같다.

나. 거래상대방의 구속

부동산·용역·설비·상품·원재료 또는 부재료의 구입·판매 또는 임대차 등과 관련하여 부당하게 가맹점사업자에게 특정한 거래상대방(가맹본부를 포함한다. 이하 이 목에서 같다)과 거래할 것을 강제하는 행위. 다만, 다음의 요건을 모두 충족하는 경우에는 그러하지 아니하다.

(1) 부동산·용역·설비·상품·원재료 또는 부재료가 가맹사업을 경영하는 데에 필수적이라고 객관적으로 인정될 것

(2) 특정한 거래상대방과 거래하지 아니하는 경우에는 가맹본부의 상표권을 보호하고 상품 또는 용역의 동일성을 유지하기 어렵다는 사실이 객관적으로 인정될 것

(3) 가맹본부가 미리 정보공개서를 통하여 가맹점사업자에게 해당 사실을 알리고 가맹점사업자와 계약을 체결할 것

가맹점의 인테리어 계약 방식별 법률 검토

계약 방식	검토
가맹본부가 건설업 등록을 하고 인테리어 계약을 하는 경우	합법
가맹본부가 건설업 등록을 하지 않고 인테리어 계약을 하는 경우	불법
가맹본부가 건설업 등록을 하지 않고 인테리어 계약만 체결한 후 건설업 등록을 한 인테리어 업체에 도급을 주는 경우	불법
가맹점사업자가 자유롭게 인테리어 업체를 선택하고 가맹본부는 감리만 하는 경우	합법

※ 건설산업지식정보시스템(www.kiscon.net)에서 인테리어 업체가 건설업 등록을 했는지 확인할 수 있다.

3. 가맹계약 체결 후부터 가맹점 개점까지

3.1 가맹점 개점 승인 신청서

가맹점사업자가 가맹본부와 체결한 가맹계약에 따른 가맹점 개점을 위한 절차 진행을 완료하고 가맹본부에 가맹점 개점 승인을 신청하기 위해 작성하는 문서이다.

가맹점 개점 승인 신청서

본인은 가맹본부와 체결한 가맹계약에 따른 가맹점 개점을 위한 절차 진행을 완료함에 따라 가맹본부에 가맹점 개점 승인을 신청합니다.

1. 가맹점 개점 절차 진행현황

No.	구분	진행결과	증빙자료 첨부
1	가맹비, 교육비, 계약이행보증금 지급	완료	○
2	인테리어 공사 및 대금 지급	완료	○
3	간판·사인물 설치 및 대금 지급	완료	○
4	주방기기·집기 설치 및 대금 지급	완료	○
5	POS 기기·프로그램 설치 및 대금 지급	완료	○
6	초도물품 정리 및 대금 지급	완료	○
7	신규 교육 이수	완료	○
8	사업자등록증, 영업신고증 등 필요자료 제출	완료	○
9	기타 개점을 위한 사항	완료	○

2. 본인은 위와 같이 가맹점 개점 절차를 완료하여 가맹점 개점 승인 신청을 합니다. 검토하신 후 이상이 없다면 가맹점 개점을 승인해 주시고 가맹점 개점 예정일을 알려 주시기 바랍니다.

년　월　일

가맹점명 :　　　　　　　가맹점사업자명 :　　　　　(인)

가맹본부 귀중

3. 2 가맹점 개점 승인 통지서

　가맹점사업자의 개점 승인 요청에 따라 가맹본부는 가맹점 개점을 위한 절차 진행 완료 여부를 확인하고 이상이 없는 경우 가맹점사업자에게 개점 승인의 통지를 하기 위하여 작성하는 문서이다.

가맹점 개점 승인 통지서

당사는 귀하의 가맹점 개점 승인 신청에 따라 가맹점의 개점을 위한 절차 진행여부를 확인하고 아래와 같이 통지합니다.

1. 가맹점명 :

2. 가맹점 개점 절차 진행여부 확인 결과

No.	구분	진행여부 확인결과
1	가맹비, 교육비, 계약이행보증금 지급	완료( ), 미완료( )
2	인테리어 공사 및 대금 지급	완료( ), 미완료( )
3	간판·사인물 설치 및 대금 지급	완료( ), 미완료( )
4	주방기기·집기 설치 및 대금 지급	완료( ), 미완료( )
5	POS 기기·프로그램 설치 및 대금 지급	완료( ), 미완료( )
6	초도물품 정리 및 대금 지급	완료( ), 미완료( )
7	신규 교육 이수	완료( ), 미완료( )
8	사업자등록증, 영업신고증 등 필요자료 제출	완료( ), 미완료( )
9	기타 개점을 위한 사항	완료( ), 미완료( )

3. 당사는 귀하가 위와 같이 가맹점 개점을 위한 절차 진행을 완료하였기에 가맹점 개점을 승인하며, 개점 예정일은　년　월　일입니다. 다만, 개점 예정일은 상황에 따라 변경될 수 있습니다.

4. 가맹점 개점을 위한 절차를 완료하여 주셔서 감사드리며, 성공적인 가맹점 운영을 위해 계속적인 관심과 열정 부탁드립니다.

년   월   일

가맹본부   (인)

3. 3 가맹점 개점 보류 통지서

　가맹본부가 가맹점사업자의 개점 승인 요청에 따라 가맹점 개점을 위한 절차 진행 완료 여부를 확인하고 보완사항 등 이상이 있는 경우 가맹점사업자에게 개점 보류의 통지를 하기 위하여 작성하는 문서이다.

가맹점 개점 보류 통지서

당사는 귀하의 가맹점 개점 승인 신청에 따라 가맹점의 개점을 위한 절차 진행여부를 확인하고 아래와 같이 통지합니다.

1. 가맹점명 :

2. 가맹점 개점 절차 진행여부 확인 결과

No.	구분	진행여부 확인결과	보완사항
1	가맹비, 교육비, 계약이행보증금 지급	완료( ), 미완료( )	
2	인테리어 공사 및 대금 지급	완료( ), 미완료( )	
3	간판·사인물 설치 및 대금 지급	완료( ), 미완료( )	
4	직원 및 강사 교육 이수	완료( ), 미완료( )	
5	프로그램 설치 및 대금 지급	완료( ), 미완료( )	
6	사업자등록증, 인허가 등 필요자료 제출	완료( ), 미완료( )	

3. 당사는 귀하가 위와 같이 가맹점 개점을 위한 절차 진행을 모두 완료하지 않았기에 귀하가 보완사항을 모두 이행할 때까지 가맹점 개점 승인을 보류하기로 결정하였음을 알려 드립니다.

4. 귀하는 보완사항을 신속히 이행하고 당사에 가맹점 개점 승인을 재신청하시기 바라며, 당사는 귀하의 신속한 보완사항 이행에 따른 가맹점의 원활한 개점을 기대합니다.

년　월　일

가맹본부　　　　(인)

3. 4 가맹점 개점 연기 신청서

가맹점사업자가 가맹본부로부터 부여받은 가맹점 개점 예정일을 연기하고자 하는 경우 가맹본부에 가맹점 개점 연기 신청을 위해 작성하는 문서이다.

가맹점 개점 연기 신청서

본인은 가맹본부로부터 개점 예정일을 부여받았으나 아래와 같은 사유로 가맹점 개점을 연기하고자 가맹본부에 가맹점 개점 연기 승인을 신청합니다.

1. 현 황

영업표지	
가맹점명	
가맹점주소	
부여받은 개점 예정일	년 월 일
연기하고자 하는 개점희망일	년 월 일
신청사유	

2. 본인은 가맹본부가 가맹점 개점 연기를 승인하는 경우 개점희망일에 개점하여 정상적으로 영업할 것임을 약속하고, 가맹본부가 승인한 개점희망일에 개점하지 않을 경우 가맹계약이 해지될 수 있음을 확인하며, 가맹본부에 가맹점 개점 연기 승인을 신청합니다.

년 월 일

가맹점명 :   가맹점사업자명 :   (인)

가맹본부 귀중

3. 5 가맹점 영업개시 확인서

가맹본부가 예치기관에 예치가맹금의 지급을 요청하려는 경우 가맹금지급요청서와 함께 첨부하여 제출하여야 하는 가맹점 영업개시를 증명하는 서류에 해당하는 문서이다.

가맹점 영업개시 확인서

1. 현 황

가맹점명	
성 명	
연 락 처	
주 소	

2. 가맹점 영업 개시일: 년   월   일

3. 본인은 위 사항과 관련하여 거짓됨이 없음을 확인합니다.

첨부: 사업자등록증 사본 1부

년   월   일

가맹점명 :   가맹점사업자명 :   (인)

가맹본부 귀중

가맹사업 궁금한 이야기 3

월간 창업앤프랜차이즈 2017년 3월 기고

계약종료 후 경업금지약정은 효력이 있나?

유명 부대찌개 프랜차이즈인 A부대찌개 가맹점을 하는 김 씨는 계약기간이 종료되면 가맹계약을 갱신하지 않고 개인 부대찌개전문점을 할 예정이다. 그런데 가맹본부와 체결한 가맹계약서에 경업금지약정이 있고 계약종료 후에도 2년 동안 영업지역 내에서 동종업종을 할 수 없다고 정하고 있어 걱정이다.

김 씨는 가맹계약 종료 후 동일한 자리에서 다른 상호로 동종업종인 부대찌개전문점을 할 수 있는지 검토해 보자.

결론부터 말하면, 김 씨는 계약종료 후 가맹계약서에서 정한 내용과 같이 동일한 자리에서 부대찌개전문점을 할 수 없다. 판례에서는 김 씨의 경우처럼 유명 브랜드의 가맹점인 경우 가맹본부의 브랜드 가치에 편승하여 기존 고객과의 거래를 지속하고 가맹본부의 협력을 받아 형성한 상권을 부당하게 유용한다고 판단하여 경업금지약정의 효력을 인정하였다.

경업금지약정이란 동일한 업종에 대하여 영업을 하는 것을 금지하는 계약을 말한다. 가맹사업법 제6조 제10호에서는 가맹계약기간 중 가맹본부와 동일한 업종을 영위하는 행위의 금지를 규정하고 있어 계약기간 중 경업금지약정은 인정하고 있으나, 계약종료 후 경업금지약정은 법률에서 정하지 않고 있다.

가맹본부에서 계약종료 후 경업금지약정을 운영하는 이유는 영업노하우 등 영업비밀에 대해 관련 약정을 정하더라도 위반에 대한 그 근거를 확보하기가 어려워 실질적으로 영업비밀을 보호하는 데 어려움이 있어 경업금지약정을 통해 계약종료 후 영업비밀을 보호하기 위함이다. 또한, 계약종료 후 경업금지약정의 효력과 관계없이 가맹계약서에 포함하는 경우 가맹점사업자가 이를 준수할 가능성이 높기 때문이다.

그러나 가맹점사업자의 입장에서 영업비밀 침해의도 또는 영업노하우를 침해한 사실이 없음에도 불구하고, 계약종료 후 경업금지약정으로 인해 동일한 영업을 한다는 이유만으로 규제를 받게 된다면, 이는 가맹점사업자의 직업 선택의 자유와 권리를 지나치게 제한하는 것이 될 수 있다. 또한, 가맹점사업자가 가맹점 운영을 통해 쌓은 자신만의 노하우는 가맹본부의 영업비밀이 아니므로 이를 이용한 영업기회를 제한하는 것은 부당하다고 할 수 있다.

계약종료 후 경업금지약정의 효력을 인정하여 가맹본부의 이익을 보호할 것인지 아니면 가맹점사업자의 직업 선택의 자유를 보호하기 위해 효력을 인정하지 않을 것인지에 대한 판단은 법원의 판례를 통해 살펴보기로 한다.

판례 1. 죽 전문점(계약종료 후 경업금지약정 인정)
유명 죽 프랜차이즈 가맹점의 경우 가맹계약을 종료한 후 상호가 변경되었다 하더라도 기존 브랜드의 가치에 편승해 기존 고객과의 거래를 지속할 수 있으므로 경업금지약정의 효력이 인정되었다. 기존 고객이 조리법이나 서비스 제공방식 등이 계약종료 전과 동일한 수준을 유지할 수 있을 것으로 기대하고 점포를 계속 방문할 수 있다며, 이는 가맹본부의 브랜드 가치에 편승해 형성한 상권을 계약종료 후에 부당하게 유용하는 상황에 해당한다고 하였다.

판례 2. 굴국밥 전문점(계약종료 후 경업금지약정 인정)
굴국밥 가맹점사업자가 계약종료 후 동일한 장소에 상호를 변경하여 동일한 영업을 한 사례에 대해 법원은 경업금지약정은 가맹점사업자가 계약존속 중 알게 된 가맹본부의 영업비밀을 이용하여 계약종료 후 동일한 장소에서 동종 영업을 하여 가맹본부에 손해를 끼치는 영업비밀 침해행위를 막기 위한 것으로, 동종 장소라는 지리적 제한을 둔 것은 합리적이며 계약종료 후 2년에 한하여 경업금지약정을 인정하였다.

판례 3. 치킨배달 전문점(계약종료 후 경업금지약정 불인정)
치킨배달을 전문으로 하는 프랜차이즈 가맹점의 경우 계약종료 후 동일한 장소에서 동일한 업종을 하여도 경업금지약정 위반이 아니라고 법원의 판결이 났다. 법원은 판결문에서 치킨배달 전문점은 배달판매가 매출에서 상당한 비중을 차지하는데 소비자들은 일반적으로 자신이 선호하는 가맹본부의 가맹점을 검색해 배달주문을 하므로 가맹점 탈퇴는 곧 기존 고객과의 거래관계 단절로 이어지므로 배달치킨 전문점의 경우 동일한 장소에서 상호를 변경하여 영업한다 하여도, 이는 가맹본부의 가치에 편승해 기존 고객과의 거래를 지속하기 어렵다고 보고 경업금지의무위반이 아니라고 했다.

판례 4. 제과점(계약종료 후 경업금지약정 불인정)

제과프랜차이즈 가맹점이 계약기간이 만료되자 계약을 갱신하지 않고 간판을 변경한 상태로 동일한 제과점을 계속 운영한 것에 대해 법원은 가맹본부가 가맹점사업자에게 영업비밀과 노하우를 제공하였다고 주장하지만 이를 증명하지 못하였고, 가맹점사업자가 부당하게 유용할 정도로 가맹본부의 브랜드가 높은 점유율과 인지도가 없는 점 등을 함께 고려하여 경업금지약정은 효력이 없다고 하였다.

가맹본부는 계약종료 후 경업금지약정에 대해 가맹점사업자의 권리를 침해하는 행위로 보는 사회적 인식이 강하므로 판례에서 살펴보았듯이 영업비밀을 보호할 수 있는 최소한의 지역과 기간 등을 제한적으로 설정하여 운영하여야 하며, 가맹점사업자는 가맹계약서에 계약종료 후 경업금지약정이 있는 경우 효력 유무에 대해 전문가의 조언을 받을 필요가 있으며 가맹본부의 영업비밀을 침해하지 않도록 하여야 할 것이다.

4. 가맹점 운영 중

4.1 가맹점 주소 이전 신청서

가맹점사업자가 가맹점의 임대차계약 만료 등의 사유로 다른 점포로 이전하고자 하는 경우 가맹계약에서 정한 바에 따라 사전에 가맹본부로부터 가맹점 주소 이전 승인을 받기 위하여 작성하는 문서이다. 가맹본부는 가맹점사업자의 가맹점 주소 이전 신청에 대해 영업지역 중복여부 등을 검토한 후 승인 또는 거절할 수 있다.

가맹점 주소 이전 신청서

본인은 가맹본부와 가맹계약을 체결하여 계속적인 거래를 하고 있으나 아래와 같은 사유로 가맹본부의 승인을 얻어 본인이 운영하는 가맹점을 아래 주소로 이전하고자 가맹점 주소 이전 신청서를 가맹본부에 제출합니다.

1. 가맹점 현황 및 이전사항

가맹점명	
현재 가맹점 주소	
이전할 가맹점 주소	
주소 이전 신청사유	
가맹점 주소 이전 희망일	

2. 본인은 가맹본부의 귀책사유 없는 사정으로 가맹점 주소를 이전하는 것임에 따라 인테리어, 간판, 기타 시설, 각종 설비의 설치, 철거 등 소요되는 비용 일체는 본인이 전부 부담하며, 가맹사업의 독창성과 통일성 유지를 위해 가맹본부가 정한 사양, 모델, 규격 등에 따라 설치·시공할 것을 약속합니다.

3. 본인은 가맹점 주소 이전과 관련한 제반사항으로 발생되는 모든 문제에 대해서는 본인에게 책임이 있음을 확인하며 가맹본부에 가맹점 주소 이전 승인을 신청합니다.

년   월   일

가맹점명 :   가맹점사업자명 :   (인)

가맹본부 귀중

4. 2 가맹점 영업일 또는 영업시간 변경 신청서

가맹점사업자가 가맹점의 영업일/영업시간을 변경하고자 하는 경우 가맹계약에서 정한 바에 따라 사전에 가맹본부로부터 승인을 받기 위한 문서이다.

가맹점 영업일/영업시간 변경 신청서

본인은 가맹본부와 가맹계약을 체결한 가맹점사업자이며 아래와 같은 사유로 가맹본부의 승인을 얻어 본인이 운영하는 가맹점의 영업일/영업시간을 변경하고자 가맹점 영업일/영업시간 변경 신청서를 가맹본부에 제출합니다.

1. 현 황

가맹점명	
가맹점 주소	
현재 영업일/영업시간	
변경할 영업일/영업시간	
신청사유	
변경 희망일	

2. 본인은 가맹본부가 변경을 승인하는 경우 변경을 희망하는 영업일/영업시간 동안 개점하여 정상적으로 영업하고 인터넷이나 배달앱 등에 표기된 영업일/영업시간을 즉각 변경할 것이며, 가맹본부가 변경을 승인하지 않는 경우 기존의 영업일/영업시간을 준수하여 정상적으로 영업할 것을 약속합니다.

3. 본인은 가맹점 영업일/영업시간 변경과 관련한 제반사항으로 발생되는 모든 문제에 대해서는 본인에게 책임이 있음을 확인하며 가맹본부에 승인을 신청합니다.

년 월 일

가맹점명 :   가맹점사업자명 :   (인)

가맹본부 귀중

4. 3 가맹점 양도 신청서

가맹점사업자가 가맹점을 양도하고자 하는 경우 가맹계약에서 정한 바에 따라 사전에 가맹본부로부터 가맹점 양도 승인을 받기 위하여 신청하는 문서이다.

가맹점 양도 신청서

본인은 가맹본부와 가맹계약을 체결한 이래 현재까지　　　　점(이하 '가맹점')을 운영하고 있으나, 가맹본부의 승인을 얻어 본인이 운영하고 있는 가맹점을 아래와 같이 양수인(예정자)에게 양도하고자 가맹본부에 가맹점 양도 신청서를 제출합니다.

1. 현 황

양수인 (예정자)	성　명	
	생년월일	
	연 락 처	
	주　소	
양수인(예정자)과의 관계		
가맹계약기간	20　년　월　일 ~ 20　년　월　일	
미수금 현황	미수금 있음 □	미수금 없음 □
가맹점 양도 신청사유		

2. 가맹점 양도양수 희망일 :　　년　　월　　일

3. 본인은 양수인(예정자)에게 가맹본부와 체결한 가맹계약 조건을 상세하게 설명하였으며 가맹점에 대한 정보 및 가맹계약 사항에 대하여 허위·과장된 정보를 제공하지 않았음을 확인합니다.

4. 본인은 위 사항에 거짓됨이 없고 가맹점 양도양수와 관련한 제반사항으로 발생되는 모든 문제에 대해서는 본인에게 책임이 있음을 확인하며 가맹본부에 가맹점 양도 승인을 신청합니다.

년   월   일

가맹점명 :   가맹점사업자명 :   (인)

가맹본부 귀중

4. 4 가맹점 양도 신청의 승인 통지

가맹점사업자가 가맹점에 대한 양도 신청을 한 경우 이를 검토하고 양도 신청에 대해 승인하며 그 내용을 가맹본부가 가맹점사업자에게 통지하는 문서이다.

제 목: 가맹점 양도 신청에 대한 승인 통지

1. 귀하의 일익 번창하심을 기원합니다.

2. 당사는 귀하의   점 가맹점 양도 신청에 대하여 승인하기로 결정하였습니다.

3. 귀하는 양수인이 가맹점을 운영하기 전까지는 가맹점을 정상적으로 운영하여야 합니다.

4. 귀하가 위 사항을 위반하거나 당사에 제출했던 가맹점 양도 신청서에 거짓된 사실이 있음이 확인되는 경우, 당사는 귀하에 대한 가맹점 양도 승인을 철회할 수 있고 가맹계약을 해지하거나 갱신을 거절할 수 있으며 이로 인한 책임은 모두 귀하가 부담합니다.

5. 귀하는 양수인에게 가맹점을 양도한 후 가맹계약서에서 정한 영업비밀 유지 의무 등을 성실히 이행하여야 하며, 성실히 이행하지 않을 경우 당사는 손해배상 청구 등 민·형사상의 법적절차에 따라 대응할 것임을 알려 드립니다.

년   월   일

가맹본부   (인)

4. 5 가맹점 양도 신청의 거절 통지

가맹본부는 가맹점사업자가 가맹점에 대한 양도 신청을 한 경우 이를 검토하고 양도 신청에 대해 거절하는 경우 가맹본부가 가맹점사업자에게 통지하는 문서이다. 가맹본부가 양도 신청을 거절하는 경우 정당한 사유가 있어야 한다.

제 목: 가맹점 양도 신청에 대한 승인 거절 통지

1. 귀하의 일익 번창하심을 기원합니다.

2. 당사는 귀하가 운영하고 있는   점 가맹점 양도 신청에 대하여 다음과 같은 사유로 승인을 거절하며, 귀하는 가맹점 양도를 재신청하고자 하는 경우 이를 보완하여 가맹점 양도 신청서를 다시 제출하시기 바랍니다.

거절 사유	

3. 귀하는 당사와 체결한 가맹계약에 따른 가맹계약기간 동안 가맹점을 정상 개점하여 영업할 의무가 있음을 알려 드립니다.

년   월   일

가맹본부   (인)

4. 6 가맹점 양도 승인 및 절차 안내(가맹점 양수예정자)

가맹점사업자가 제출한 양도 신청에 대해 승인한 후 가맹본부가 가맹점 양수예정자에게 이후 절차를 안내하고 통지하는 문서이다.

제 목: 가맹점 양수 승인 및 절차 안내

1. 귀하의 일익 번창하심을 기원합니다.

2. 당사는 귀하가   점을 양수하는 것을 승인하기로 결정하였습니다.

3. 귀하는 가맹점 양수에 따라 당사와 가맹계약을 체결하기 위해 아래 서류를 당사에 제출해 주시기 바랍니다.

필요서류 목록
1.
2.
3.

4. 귀하와 당사 간에 가맹계약서 작성·체결 예정일은   년 월 일로, 가맹계약 기간은 양도인의 잔여 가맹계약기간인   년 월 일~   년 월 일로 정해짐을 알려 드립니다.

5. 아울러 귀하는 당사와 가맹계약을 체결하고 교육비 일금   원(VAT 포함)과 계약이행보증금 일금   원(VAT포함)을 당사로 지급할 의무가 있으며, 당사가 진행하는 교육을 필히 이수하여야 가맹점 영업을 개시할 수 있습니다. 만일 귀하가 당사에 지급할 의무가 있는 금전을 지급하지 않거나 당사의 교육을 이수하지 않고 무단으로 가맹점 영업을 개시하는 경우에는 가맹점의 양도양수 무효 또는 가맹계약이 해지될 수 있음을 알려 드립니다.

6. 귀하의 성공적인 가맹점 창업을 기원하며 원활한 가맹계약 진행을 위한 협조 당부드립니다.

년   월   일

가맹본부   (인)

4. 7 가맹점 상속 신청서

가맹점사업자의 사망으로 가맹점사업자의 지위를 받은 상속인은 가맹계약서에 따라 가맹본부에 가맹점에 대한 상속 신청을 하여야 하므로 그 상속 신청에 대한 문서이다.

가맹점 상속 신청서

본인은 가맹점의 가맹점사업자가 사망함에 따른 상속권자로 가맹본부에 다음과 같이 가맹점운영권에 대한 상속을 신청합니다.

1. 가맹점현황

가맹점명	
가맹점 주소	
가맹점사업자 성명	
사망일	
사망 사유	

2. 상속권자 현황

상속권자 성명	
상속권자 생년월일	
거주지 주소	
전화번호	
가맹점사업자와의 관계	

3. 추가 제출자료:

사망진단서(또는 사망확인서), 가족관계증명서, 상속인의 신분증

4. 확인사항

1) 본인은 가맹점에 대한 상속권자이며 가맹점 상속 및 운영과 관련한 제반사항으로 발생되는 모든 문제에 대해서는 본인에게 책임이 있습니다.
2) 가맹계약서에 따라 가맹점을 성실하게 운영할 것이며, 가맹점 상속에 필요한 교육 및 가맹계약서에서 정한 상속에 따른 비용 지급의무를 준수할 것입니다.

년 월 일

가맹점명 :　　　　　　　　상속권자명 :　　　　　(인)

가맹본부 귀중

4. 8 가맹계약서 일부 내용 변경 합의서

가맹본부와 가맹점사업자가 가맹계약기간 중 상호 합의하여 가맹계약서의 일부 내용을 변경하고자 하는 경우 작성하는 문서이다.

가맹계약서 일부 내용 변경 합의서

가맹본부와 가맹점사업자는   년   월   일 체결한 가맹계약서의 일부 내용을 아래와 같이 변경함에 상호 합의합니다.

- 아   래 -

1. 변경 전·후

변경 전	변경 후

2. 상기 변경되는 내용 외에 나머지 내용에 대해서는 기존과 같은 내용으로 효력이 있습니다.

가맹본부와 가맹점사업자는 본 합의서를 2부 작성하여 각 1부씩 보관하기로 합니다.

년   월   일

가맹본부   **가맹점사업자**
회 사 명 :   가맹점명 :
대표이사 :   (인)   성   명 :   (인)

4. 9 미수금 상환 확약서

가맹본부는 가맹점사업자가 가맹본부에 지급하여야 하는 금전을 지급하지 않는 경우, 지급명령 등 소송으로 청구할 수도 있고 계약해지 등의 절차를 진행할 수 있다. 그러나 가맹본부는 아래와 같이 가맹점사업자가 미지급한 금전에 대해 상환 일정을 정해 지급할 것을 확약하는 문서를 작성하여 계속적으로 가맹점을 운영하며 확약내용을 이행하도록 할 수 있다.

미수금 상환 확약서

1. 본인은 가맹본부와 가맹계약을 체결한 가맹점사업자입니다.

2. 본인은 가맹계약기간 중 발생한 미수금에 대하여 아래와 같이 상환할 것을 확약합니다.

미수금 내역	금액	미수금 상환 확약일
*월 *일까지 물품대금	원	년 월 일
*월 로열티	원	년 월 일
		년 월 일
미수금 합계		

3. 본인은 위 상환 확약일을 위반하는 경우 가맹본부가 본인에 대하여 가맹계약의 해지 또는 갱신거절, 본인의 재산에 대한 압류, 가압류, 가처분 등 법적절차를 진행할 수 있고, 미수금이 발생된 시점부터 가맹계약서에서 정한 지연이자를 청구할 수 있음을 확인하며, 이와 관련하여 가맹본부에 어떠한 이의나 문제를 제기하지 않을 것을 확약합니다.

년 월 일

가맹점명 :　　　　　　가맹점사업자명 :　　　　(인)

가맹본부 귀중

4. 10 가맹점 휴업 신청서

　가맹점사업자가 가맹점 영업을 일시적으로 휴업하고자 하는 경우 가맹계약서에서 정한 바에 따라 사전에 가맹본부로부터 가맹점 휴업 승인을 받기 위하여 작성하는 문서이다.

가맹점 휴업 신청서

본인은 가맹본부와 가맹계약을 체결한 가맹점사업자이며 아래와 같은 사유로 가맹본부의 승인을 얻어 가맹점 영업을 휴업하고자 가맹점 휴업 신청서를 가맹본부에 제출합니다.

1. 현 황

가맹점명	
가맹점 주소	
휴업 기간	년 　월 　일 ~ 　년 　월 　일
신청사유	

2. 본인은 가맹본부가 휴업을 승인하는 경우 고객이 알 수 있도록 가맹점과 인터넷이나 배달앱 등에 휴업기간을 미리 고지할 것이며, 휴업기간이 종료되는 날의 다음 날부터 가맹계약에 따라 정상적으로 영업할 것을 약속합니다.

3. 본인은 가맹본부가 승인한 휴업기간을 초과하여 휴업하는 경우에는 가맹사업거래의 공정화에 관한 법률 시행령 제15조에서 정한 즉시 해지사유인 '가맹점사업자가 정당한 사유 없이 연속하여 7일 이상 영업을 중단한 경우'에 해당될 수 있음을 확인합니다.

4. 본인은 가맹점 휴업으로 인하여 발생되는 모든 문제에 대해서는 본인에게 책임이 있음을 확인하며 가맹본부에 가맹점 휴업 승인을 신청합니다.

년   월   일

가맹점명 :   가맹점사업자명 :   (인)

가맹본부 귀중

4. 11 가맹계약 위반에 대한 손해배상 청구 통지

가맹본부는 가맹점사업자로 인하여 손해가 발생한 경우 그 손해에 대해 가맹점사업자에게 청구할 수 있으며 이때 가맹점사업자에게 통지하는 문서다.

제 목: 가맹계약 위반에 대한 손해배상 청구 통지

1. 귀하의 일익 번창하심을 기원합니다.

2. 귀하와 당사는 가맹계약을 체결한 바 있습니다.

3. 귀하는 당사와 체결한 가맹계약 내용을 이행할 의무가 있으나 이를 이행하지 않고 아래와 같이 가맹계약 내용을 위반하였습니다.

   ◎ 가맹계약서 근거 규정 :
   ◎ 위반 사실 :

4. 귀하의 가맹계약 위반으로 발생한 당사의 손해에 대하여 당사는 귀하에게 손해배상을 청구합니다. 당사가 귀하에게 청구하는 손해배상 내용과 금액은 아래와 같으며, 귀하는   년   월   일까지 귀하가 당사에 지급하여야 하는 손해배상 금액을 당사의 계좌로 입금해 주시기 바랍니다. 이를 지체하는 경우에는 압류 및 가압류 등 민·형사상의 법적절차가 진행될 수 있음을 알려 드립니다.

   ◎ 손해배상 청구금액 :
   ◎ 당사 계좌 :

5. 당사는 귀하의 가맹계약 위반으로 발생한 당사의 손해에 대하여 귀하가 신속하게 배상하여 법적절차 없이 원만하게 해결하기를 희망합니다.

년   월   일

가맹본부   (인)

4. 12 계약위반 사항 즉시 시정에 따른 손해배상금 유예 합의서

가맹본부는 가맹점사업자로부터 받을 손해배상금에 대해 가맹점사업자의 계약위반 사항에 대한 즉시 시정하는 조건 등 별도의 조건을 정해 유예하는 합의를 할 수 있으며 이때 사용하는 문서이다.

계약위반 사항 즉시 시정에 따른 손해배상금 유예 합의서

가맹본부와 가맹점사업자는 다음과 같이 손해배상금 유예 합의서를 작성하고 합의합니다.

- 다 음 -

1. 가맹본부와 가맹점사업자는 가맹계약을 체결하였으며 이를 준수할 의무가 있습니다.
2. 가맹점사업자는 가맹계약서에서 정한 필수물품을 사용하지 않아 가맹본부에 손해가 발생하였고 가맹계약서에서 정한 손해배상금   원을 지급할 의무가 있습니다.
3. 가맹점사업자는 가맹본부에   원의 손해배상금을 지급하여야 하는 것을 인정하며 필수물품 미사용에 대해 즉시 시정하였습니다.
4. 가맹본부는 가맹점사업자가 필수물품 사용 등 가맹계약서에서 정한 규정을 준수하는 조건으로 손해배상금 지급을 유예합니다.
5. 가맹본부는 가맹점사업자가 향후 필수물품 미사용 등 가맹계약서에서 정한 내용을 위반 시 사전 경고나 시정요구 없이 유예한 손해배상금   원을 청구할 것이며, 가맹점사업자는 손해배상금   원을 즉시 가맹본부에 지급할 것임을 확약합니다.
6. 본 손해배상금 유예 합의서는 가맹점사업자의 요청으로 가맹본부와 가맹점사업자가 합의하여 작성하였습니다.

년   월   일

가맹본부   **가맹점사업자**
회 사 명 :   가맹점명 :
대표이사 :   (인)   성   명 :   (인)

4. 13 점포환경개선 요구 통지

   가맹본부는 가맹점사업자가 운영하는 가맹점의 시설, 장비, 인테리어 등의 노후화나 위생 또는 안전의 결함으로 가맹점의 점포환경 개선이 필요한 경우 가맹사업법에서 정한 규정에 따라 개선할 것을 요구할 수 있으며 이때 가맹점사업자에게 통지하는 문서이다.

제 목: 점포환경개선 요구 통지

1. 귀하의 일익 번창하심을 기원합니다.

2. 당사는 가맹계약서와 가맹사업법에 따라 다음의 어느 하나에 해당하는 경우 가맹점사업자에게 점포환경개선을 요구할 수 있습니다.
   가. 가맹점의 시설, 장비, 인테리어 등의 노후화가 객관적으로 인정되는 경우
   나. 위생 또는 안전의 결함이나 이에 준하는 사유로 가맹사업의 통일성을 유지하기 어렵거나 정상적인 영업에 현저한 지장을 주는 경우

3. 당사는 귀하가 운영 중인 가맹점에 아래와 같은 사유로 점포환경개선을 요구합니다.

점포환경개선 요구 사유	

4. 당사는 가맹계약서와 가맹사업법에 따라 점포환경개선 비용 중 장비, 집기의 교체 비용을 제외한 간판 교체비용과 인테리어 공사비용의 20%를 지원합니다. 다만, 가맹점의 확장이나 이전을 하는 경우 40%를 지원합니다.

5. 귀하는 점포환경개선 진행과 관련하여 당사와 협의할 수 있으며, 직접 진행하는 경우 공사일정, 공사내용, 공사계약서 등 자료를 당사에 제출하여야 합니다.

6. 점포환경개선이 끝난 날부터 3년 이내에 가맹본부의 책임 없는 사유로 계약이 종료(계약의 해지 또는 영업양도를 포함한다)되는 경우 귀하는 당사가 지원한 금액 중 잔여기간에 비례하는 지원금액을 당사에 반환하여야 합니다.

7. 당사는 가맹사업법에 근거하여 귀하에게 점포환경개선을 요구하였음에도 귀하가 점포환경개선을 진행하지 않는 경우 가맹계약 위반으로 계약해지 절차 또는 향후 가맹계약 갱신을 거절할 수 있습니다.

년 월 일

가맹본부   (인)

4. 14 자발적 의사에 의한 점포환경개선 확인서

가맹점사업자가 가맹본부의 권유 또는 요구가 없음에도 본인의 자발적 의사에 의하여 점포환경개선을 실시하는 경우 작성하는 문서이다.

자발적 의사에 의한 점포환경개선 확인서

본인은 가맹본부와 가맹계약을 체결한 가맹점사업자로 가맹본부의 권유 또는 요구가 없음에도 본인의 자발적 의사에 의하여 점포환경개선을 실시하기로 함에 따라 이 확인서를 가맹본부에 제출합니다.

1. 현황

가맹점명				
주 소				
점포환경개선 항목	인테리어 공사 ☐		간판 교체 ☐	
점포환경개선 진행기간	년 월 일 ~		년 월 일	
진행기간 중 영업 여부	영업 ☐		휴업 ☐	

2. 본인은 본인의 자발적 의사에 의하여 실시하는 점포환경개선이므로 점포환경개선에 소요되는 비용 일체는 본인이 부담하여야 함을 확인하고, 가맹사업의 독창성과 통일성 유지를 위해 가맹본부가 정한 사양, 모델, 규격 등에 따라 시공·설치·구입함을 확인합니다.

3. 본인은 위 사항을 위반하는 경우 가맹계약 해지 절차 등이 진행될 수 있음을 확인합니다.

본인은 자발적 의사에 의한 점포환경개선 실시와 관련하여 상기 사항을 충분히 확인하였습니다.

년   월   일

가맹점명 :   가맹점사업자명 :   (인)

가맹본부 귀중

가맹사업 궁금한 이야기 4

월간 창업앤프랜차이즈 2017년 4월 기고

허위·과장된 정보 등의 제공 행위 사례, 어떤 것이 있나?

1. 관련 법규

가맹사업법에서는 가맹본부가 가맹희망자나 가맹점사업자에게 사실과 다르게 정보를 제공하거나 사실을 부풀려 정보를 제공하는 행위(허위·과장의 정보제공행위)와 계약의 체결·유지에 중대한 영향을 미치는 사실을 은폐하거나 축소하는 방법으로 정보를 제공하는 행위(기만적인 정보제공행위)를 허위·과장된 정보 등의 제공으로 정하고 있으며, 가맹본부가 허위·과장된 정보 등의 제공행위를 한 경우에는 5년 이하의 징역 또는 3억원 이하의 벌금에 처해질 수 있고 가맹점사업자에게 발생한 손해의 3배를 넘지 않는 범위의 징벌적 손해배상책임을 질 수 있다.

또한, 가맹본부가 가맹희망자의 예상매출액·수익·매출총이익·순이익 등 장래의 예상수익상황에 관한 정보와 가맹점사업자의 매출액·수익·매출총이익·순이익 등 과거의 수익상황이나 장래의 예상수익상황에 관한 정보를 가맹희망자나 가맹점사업자에게 제공하는 경우 서면으로 제공하도록 하고 있으며, 이를 위반한 경우에는 1천만원 이하의 과태료가 부과될 수 있다.

따라서, 가맹본부는 허위·과장된 정보 등의 제공행위를 하지 않기 위해서 객관적인 사실 정보를 제공하고 매출, 이익 등 수익상황에 대한 정보를 제공할 경우 서면으로 제공해야 한다.

[가맹사업거래의 공정화에 관한 법률]

제9조(허위·과장된 정보제공 등의 금지)

① 가맹본부는 가맹희망자나 가맹점사업자에게 정보를 제공함에 있어서 다음 각 호의 행위를 하여서는 아니 된다.

1. 사실과 다르게 정보를 제공하거나 사실을 부풀려 정보를 제공하는 행위(이하 "허위·과장의 정보제공행위"라 한다)

2. 계약의 체결·유지에 중대한 영향을 미치는 사실을 은폐하거나 축소하는 방법으로 정보를 제공하는 행위(이하 "기만적인 정보제공행위"라 한다)

② 제1항 각 호의 행위의 유형은 대통령령으로 정한다.

③ 가맹본부는 가맹희망자나 가맹점사업자에게 다음 각 호의 어느 하나에 해당하는 정보를 제공하는 경우에는 서면으로 하여야 한다.

1. 가맹희망자의 예상매출액·수익·매출총이익·순이익 등 장래의 예상수익상황에 관한 정보

2. 가맹점사업자의 매출액·수익·매출총이익·순이익 등 과거의 수익상황이나 장래의 예상수익상황에 관한 정보

④ 가맹본부는 제3항에 따라 정보를 제공하는 경우에는 그 정보의 산출근거가 되는 자료로서 대통령령으로 정하는 자료를 가맹본부의 사무소에 비치하여야 하며, 영업시간 중에 언제든지 가맹희망자나 가맹점사업자의 요구가 있는 경우 그 자료를 열람할 수 있도록 하여야 한다.

제37조의2(손해배상책임)

② 제1항에도 불구하고 가맹본부가 제9조제1항, 제12조제1항제1호 및 제12조의5를 위반함으로써 가맹점사업자에게 손해를 입힌 경우에는 가맹점사업자에게 발생한 손해의 3배를 넘지 아니하는 범위에서 배상책임을 진다. 다만, 가맹본부가 고의 또는 과실이 없음을 입증한 경우에는 그러하지 아니하다.

제41조(벌칙)

① 제9조제1항의 규정에 위반하여 허위·과장의 정보제공행위나 기만적인 정보제공행위를 한 자는 5년 이하의 징역 또는 3억원 이하의 벌금에 처한다.

제43조(과태료)

⑥ 다음 각 호의 어느 하나에 해당하는 자에게는 1천만원 이하의 과태료를 부과한다.

2. 제9조제3항을 위반하여 같은 항 각 호의 어느 하나에 해당하는 정보를 서면으로 제공하지 아니한 자
3. 제9조제4항을 위반하여 근거자료를 비치하지 아니하거나 자료요구에 응하지 아니한 자

[가맹사업거래의 공정화에 관한 법률 시행령]

제8조(허위·과장의 정보제공행위 등의 유형)

① 법 제9조제1항제1호에 따른 허위·과장의 정보제공행위의 유형은 다음 각 호와 같다.
1. 객관적인 근거 없이 가맹희망자의 예상수익상황을 과장하여 제공하거나 사실과 다르게 가맹본부가 최저수익 등을 보장하는 것처럼 정보를 제공하는 행위
2. 가맹희망자의 점포 예정지 상권의 분석 등과 관련하여 사실 여부가 확인되지 아니한 정보를 제공하는 행위
3. 가맹본부가 취득하지 아니한 지식재산권을 취득한 것처럼 정보를 제공하는 행위
4. 제1호부터 제3호까지의 규정에 따른 행위에 준하여 사실과 다르게 또는 사실을 부풀려 정보를 제공하는 행위로서 공정거래위원회가 정하여 고시하는 행위

② 법 제9조제1항제2호에 따른 기만적인 정보제공행위의 유형은 다음 각 호와 같다.
1. 중요사항을 적지 아니한 정보공개서를 가맹희망자에게 제공하는 행위
2. 가맹본부가 가맹점사업자에게 지원하는 금전, 상품 또는 용역 등이 일정 요건이 충족되는 경우에만 지원됨에도 불구하고 해당 요건을 제시하지 아니하면서 모든 경우에 지원되는 것처럼 정보를 제공하는 행위
3. 제1호 또는 제2호에 따른 행위에 준하여 계약의 체결·유지에 중대한 영향을 미치는 사실을 은폐하거나 축소하는 방법으로 정보를 제공하는 행위로서 공정거래위원회가 정하여 고시하는 행위

2. 허위·과장된 정보 등의 제공행위 사례

다음의 사례와 같이 아직도 많은 가맹본부가 허위·과장된 정보 등을 제공해 가맹점사업자가 피해를 보는 사례가 많이 발생하고 있으므로, 가맹본부는 가맹희망자나 가맹점사업자에게 허위·과장된 정보 등을 제공하지 않도록 직원들에 대한 교육을 강화해 법률을 준수하고 가맹점사업자와의 분쟁을 예방해야 할 것이다.

사례 1.

유명 N보쌈과 N부대찌개를 운영하는 가맹본부 A는 사업설명회를 진행하는 과정에서 프레젠테이션 형태를 통해 예상매출액과 순이익에 관한 정보를 구두로 가맹희망자에게 설명하였다.

보쌈의 경우, 월 매출 6,000만원에 780~1,680만원의 순이익이, 부대찌개의 경우 월 매출 4,500만원에 630~990만원의 순이익이 가능하다고 설명했다. 이 매출액은 상권 차이 등을 전혀 고려하지 않고 소수(약 5%) 가맹점의 3개월간 매출액을 기준으로 산정하였고, 순이익은 고정자산의 감가상각비 및 세금 등 주요 비용 항목을 제외함으로써 실제보다 부풀려서 가맹희망자에게 제시했다. 이에 공정거래위원회는 시정명령과 과태료 200만원을 부과했다.

사례 2.

S설렁탕전문점을 운영하는 가맹본부 B는 신도시에 입점할 가맹점을 모집하면서 객관적 근거 없는 산출근거에 기초해 월평균 예상매출액 6,300만원 및 순이익 2,019만원이라는 허위·과장된 정보를 제공하였다.

월평균 예상매출액 및 순이익의 세부 산출근거로 제시한 하루 평균 매출액 250여만원은 가맹점 운영초기에 달성되기 어려운 비현실적인 내방고객 수(65평, 매장 110석, 1.5회전 가정)에 기초한 것이며, 월 예상매출액의 산출 모델이 되었던 유사 가맹점 2개는 가맹점 중 가장 매출이 높은 가맹점을 기준으로 하였을 뿐만 아니라 해당 지역 점포예정지와 유사상권이라고 볼 만한 객관적인 근거도 없었다. 실제 가맹점을 운영한 결과 월평균 매출액이 2,348만원, 월평균 순이익은 49만원으로 가맹본부가 제시한 예상 자료와 현격한 차이가 있었으며, 이로 인해 해당 가맹점은 2년간 운영

이후에도 수익성이 나아지지 않자 폐업했다. 공정거래위원회는 가맹본부에 대해 시정명령 및 검찰 고발 조치를 취했다.

사례 3.

　H빙수전문점을 운영하는 가맹본부 C는 가맹계약을 체결하는 과정에서 가맹희망자에게 특정 가맹점의 매출액 등 수익 상황 정보를 구두로 제공하였으며, 제공된 송도점의 일평균 매출액이 400만원에 이른다고 구두로 설명하였으나 실제 송도점의 일평균 매출액은 성수기에도 7월 100만원, 8월 282만원, 9월 216만원에 불과했다. 공정거래위원회는 가맹본부에 대하며 과태료 500만원을 부과했다.

사례 4.

　C커피전문점을 운영하는 가맹본부 D는 가맹희망자에게 객관적인 근거 없이 월평균 예상매출액으로 초기 6개월은 6,000만원, 이후 12개월까지는 8,000만원, 12개월 이후 1억원을 제시해 가맹계약을 체결했다. 실제 가맹희망자가 가맹계약을 체결하고 가맹점을 운영한 결과 2년간 월평균 매출액은 약 3,500만원에 불과했다. 공정거래위원회는 가맹본부에 대해 시정명령을 내렸다.

5. 가맹계약 갱신(재계약)

5. 1 가맹사업법에서 정한 가맹계약 갱신 규정

가맹본부는 가맹점사업자와 체결한 가맹계약의 가맹계약기간이 만료되어 가맹계약을 갱신하거나 갱신을 거절할 경우에는 가맹사업거래의 공정화에 관한 법률에서 정한 절차에 따라 진행하여야 한다. 그 구체적인 절차는 아래와 같다.

① 가맹계약서에서 정한 조건이 변경되지 않고 동일한 조건으로 갱신하고자 하는 경우 (가맹계약기간 만료 전 180일부터 90일까지 사이에 상호 간에 계약갱신 또는 계약조건에 대한 별도 요구나 통지나 없는 경우)

가맹본부가 가맹계약 갱신을 위한 통지나 별도의 갱신계약을 체결하지 않아도 기존과 같은 조건으로 자동 갱신된다.

② 가맹계약서에서 정한 조건이 변경되어 변경된 조건으로 갱신하고자 하는 경우

가맹본부가 변경된 조건으로 가맹계약을 갱신하려는 경우 가맹계약기간 만료 전 180일부터 90일까지 사이에 가맹점사업자에게 변경된 조건에 대하여 서면으로 통지하여야 한다.

③ 가맹계약을 갱신하지 않고 종료하고자 하는 경우

1) 가맹점사업자가 계약갱신을 요구한 경우
 가맹본부 가맹점사업자가 가맹계약기간 만료 전 180일부터 90일까지 사이에 가맹계약의 갱신을 요구하는 경우 정당한 사유 없이 이를 거절할 수 없으나, 가맹점사업자

가 법령에서 정한 정당한 갱신거절 사유에 해당되어 갱신 요구를 거절하려는 경우 가맹본부는 그 요구를 받은 날부터 15일 이내에 가맹점사업자에게 갱신거절 사유를 적어 서면으로 통지하여야 한다.(통지하지 않는 경우 기존과 같은 조건으로 자동 갱신)

가맹본부가 가맹계약의 갱신을 거절할 수 있는 정당한 사유는 다음과 같다.
1. 가맹점사업자가 가맹계약상의 가맹금 등의 지급의무를 지키지 아니한 경우
2. 다른 가맹점사업자에게 통상적으로 적용되는 계약조건이나 영업방침을 가맹점사업자가 수락하지 아니한 경우
3. 가맹사업의 유지를 위하여 필요하다고 인정되는 것으로서 다음 각 목의 어느 하나에 해당하는 가맹본부의 중요한 영업방침을 가맹점사업자가 지키지 아니한 경우
가. 가맹점의 운영에 필요한 점포·설비의 확보나 법령상 필요한 자격·면허·허가의 취득에 관한 사항
나. 판매하는 상품이나 용역의 품질을 유지하기 위하여 필요한 제조공법 또는 서비스 기법의 준수에 관한 사항
다. 가맹본부의 가맹사업 경영에 필수적인 지식재산권의 보호에 관한 사항
라. 가맹본부가 가맹점사업자에게 정기적으로 실시하는 교육·훈련의 준수에 관한 사항. 다만, 가맹점사업자가 부담하는 교육·훈련 비용이 같은 업종의 다른 가맹본부가 통상적으로 요구하는 비용보다 뚜렷하게 높은 경우는 제외한다.

2) 가맹점사업자가 계약갱신을 요구하지 않은 경우
가맹본부는 가맹계약기간 만료 전 180일부터 90일까지 사이에 계약갱신을 하지 않겠다는 사실을 서면으로 통지하여야 한다.

가맹사업법

제13조(가맹계약의 갱신 등)

① 가맹본부는 가맹점사업자가 가맹계약기간 만료 전 180일부터 90일까지 사이에 가맹계약의 갱신을 요구하는 경우 정당한 사유 없이 이를 거절하지 못한다. 다만, 다음 각 호의 어느 하나에 해당하는 경우에는 그러하지 아니하다.

1. 가맹점사업자가 가맹계약상의 가맹금 등의 지급의무를 지키지 아니한 경우
2. 다른 가맹점사업자에게 통상적으로 적용되는 계약조건이나 영업방침을 가맹점사업자가 수락하지 아니한 경우
3. 가맹사업의 유지를 위하여 필요하다고 인정되는 것으로서 다음 각 목의 어느 하나에 해당하는 가맹본부의 중요한 영업방침을 가맹점사업자가 지키지 아니한 경우

가. 가맹점의 운영에 필요한 점포·설비의 확보나 법령상 필요한 자격·면허·허가의 취득에 관한 사항

나. 판매하는 상품이나 용역의 품질을 유지하기 위하여 필요한 제조공법 또는 서비스기법의 준수에 관한 사항

다. 그 밖에 가맹점사업자가 가맹사업을 정상적으로 유지하기 위하여 필요하다고 인정되는 것으로서 대통령령으로 정하는 사항

② 가맹점사업자의 계약갱신요구권은 최초 가맹계약기간을 포함한 전체 가맹계약기간이 10년을 초과하지 아니하는 범위 내에서만 행사할 수 있다.

③ 가맹본부가 제1항에 따른 갱신 요구를 거절하는 경우에는 그 요구를 받은 날부터 15일 이내에 가맹점사업자에게 거절 사유를 적어 서면으로 통지하여야 한다.

④ 가맹본부가 제3항의 거절 통지를 하지 아니하거나 가맹계약기간 만료 전 180일부터 90일까지 사이에 가맹점사업자에게 조건의 변경에 대한 통지나 가맹계약을 갱신하지 아니한다는 사실의 통지를 서면으로 하지 아니하는 경우에는 계약 만료 전의 가맹계약과 같은 조건으로 다시 가맹계약을 체결한 것으로 본다. 다만, 가맹점사업자가 계약이 만료되는 날부터 60일 전까지 이의를 제기하거나 가맹본부나 가맹점사업자에게 천재지변이나 그 밖에 대통령령으로 정하는 부득이한 사유가 있는 경우에는 그러하지 아니하다.

가맹사업법 시행령

제14조(가맹계약의 갱신거절사유 등)

① 법 제13조제1항제3호다목에서 "대통령령으로 정하는 사항"이란 다음 각 호의 어느 하나에 해당하는 사항을 말한다.

1. 가맹본부의 가맹사업 경영에 필수적인 지식재산권의 보호에 관한 사항
2. 가맹본부가 가맹점사업자에게 정기적으로 실시하는 교육·훈련의 준수에 관한 사항. 다만, 가맹점사업자가 부담하는 교육·훈련 비용이 같은 업종의 다른 가맹본부가 통상적으로 요구하는 비용보다 뚜렷하게 높은 경우는 제외한다.

② 법 제13조제4항 단서에서 "대통령령으로 정하는 부득이한 사유"란 다음 각 호의 어느 하나에 해당하는 경우를 말한다.

1. 가맹본부나 가맹점사업자에게 파산 신청이 있거나 강제집행절차 또는 회생절차가 개시된 경우
2. 가맹본부나 가맹점사업자가 발행한 어음·수표가 부도 등으로 지급거절된 경우
3. 가맹점사업자에게 중대한 일신상의 사유 등이 발생하여 더 이상 가맹사업을 경영할 수 없게 된 경우

5. 2 가맹계약 기간 만료에 따른 가맹계약 자동 갱신 안내

　기존 가맹계약과 동일한 조건으로 가맹계약을 갱신하고자 하는 경우 사용하는 문서이다. 5. 1에서 안내한 것처럼 상호 간 계약갱신 또는 계약조건에 대한 별도 요구나 통지가 없는 경우 기존과 같은 조건으로 자동 갱신되므로 아래 서식은 가맹본부 상황에 따라 필요한 경우에만 사용하면 된다.

제 목: 가맹계약 기간 만료에 따른 가맹계약 자동 갱신 안내

1. 귀하의 일익 번창하심을 기원합니다.

2. 귀하와 당사는 가맹계약을 체결하고 현재까지 계속적인 거래관계를 이어 오고 있으며 가맹계약기간은　　년　월　일 ~　　년　월　일로 정한 바 있습니다.

3. 귀하와 당사가 체결한 가맹계약의 가맹계약기간이　　년　월　일로 만료되어 기존 가맹계약과 동일한 내용으로 자동 갱신될 예정입니다.

4. 당사는 귀하와 가맹계약을 계속 유지하기를 희망하며, 당사는 본 가맹사업이 더욱 활성화되도록 최선을 다하겠습니다.

　　　　　　　　　　　　　년　월　일

　　　　　　　　　　　가맹본부　　　　(인)

5. 3 가맹계약 기간 만료에 따른 가맹계약내용 일부 변경 후 갱신 안내

가맹계약 기간 만료에 따라 기존 가맹계약 내용을 일부 변경하여 갱신계약을 체결하고자 하는 경우 사용하는 문서이다.

제 목: 가맹계약 기간 만료에 따른 가맹계약내용 일부 변경 후 갱신 안내

1. 귀하의 일익 번창하심을 기원합니다.

2. 귀하와 당사는 가맹계약을 체결하고 현재까지 계속적인 거래관계를 이어 오고 있으며 가맹계약기간은   년   월   일 ~   년   월   일로 정한 바 있습니다.

3. 당사는 귀하와 체결한 가맹계약의 가맹계약기간이   년   월   일로 만료되어 가맹사업거래의 공정화에 관한 법률 제13조 제4항에 따라 가맹계약 내용 중 일부 변경된 내용으로 갱신계약을 체결하고자 통지합니다. 이전에 귀하와 체결한 가맹계약서에서 당사의 경영여건, 영업방침, 법률개정 등의 사유로 아래와 같이 내용이 일부 변경되었습니다.

변경 전	변경 후

4. 귀하는 일부 변경된 내용에 대하여 충분히 검토한 후   년   월   일까지 당사에 갱신계약 체결 여부를 알려 주시기 바랍니다.

5. 귀하가 일부 변경된 내용에 대하여 동의하지 않거나 동의여부에 대한 별도의 사표시를 하지 않는 경우 귀하와 당사가 체결한 가맹계약은 가맹계약기간이 만료되는 날로 종료됨을 알려 드립니다.

6. 당사는 귀하와 가맹계약을 계속 이어 나가기를 희망하며, 당사의 가맹사업이 귀하와 함께 성장하기 위해 최선을 다하겠습니다.

년   월   일

가맹본부   (인)

5. 4 가맹계약 기간 만료에 따른 가맹계약 종료(갱신 거절) 안내

가맹계약 기간 만료에 따라 가맹계약을 갱신하지 않고 가맹계약을 종료하고자 하는 경우 가맹점사업자의 가맹계약 위반 등 정당한 사유가 있어야 한다. 정당한 사유가 있어 가맹계약을 종료하고자 하는 경우 가맹점사업자에게 통지하는 문서이다.

제 목: 가맹계약 기간 만료에 따른 가맹계약 종료(갱신 거절) 안내

1. 귀하의 일익 번창하심을 기원합니다.

2. 귀하와 당사는 가맹계약을 체결하고 가맹계약기간을   년 월 일 ~   년   월   일로 정하고 현재까지 계속적인 거래관계를 이어 오고 있으며, 상호 신의성실의 원칙에 입각하여 가맹계약 내용을 이행할 의무가 있습니다.

3. 귀하가 당사와 체결한 가맹계약에서 정한 갱신 거절 사유를 위반하여, 당사는 귀하에게 위반 사실을 통보하고   년 월 일까지 시정할 것을 요구하였습니다. 그러나 귀하가 이를 시정하지 않았으므로, 가맹사업거래의 공정화에 관한 법률 제13조 제4항에 따라, 당사는 가맹계약기간 만료 전 180일부터 90일 사이에 귀하와의 가맹계약을 갱신하지 않을 것임을 통지합니다. 이에 따라 가맹계약은   년 월 일에 종료될 것입니다.

4. 귀하가 위반한 가맹계약 내용 및 갱신거절 사유는 아래와 같습니다.

  ◎ 가맹계약서 근거규정 :
  ◎ 갱신거절 사유(계약위반 내용) :

5. 귀하는 당사와 체결한 가맹계약이   년 월 일 종료됨에 따라 가맹계약에서 정한 계약종료 후 조치 의무와 영업비밀 유지 의무 등을 성실히 이행하여야 하며, 성실히 이행하지 않을 경우 당사는 손해배상 청구 등 민·형사상의 법적 절차에 따라 대응할 것입니다.

6. 당사는 귀하와 원만하게 가맹계약이 종료되기를 희망합니다.

년   월   일

가맹본부   (인)

5. 5 가맹계약 갱신(재계약) 요청서(가맹점사업자용)

가맹점사업자가 가맹계약 기간 만료에 따라 가맹계약을 갱신하고자 하는 경우 가맹본부에 갱신을 요청하는 문서이다.

가맹계약 갱신(재계약) 요청서

본인은 가맹본부와 가맹계약을 체결한 가맹점사업자로 가맹사업거래의 공정화에 관한 법률 제13조 제1항에 따라 가맹계약의 갱신을 요구합니다.

1. 현 황

영업표지	
가맹점명	
성 명	
연 락 처	
가맹계약기간 만료일	

2. 본인은 가맹본부와 가맹계약을 계속 유지하기를 희망하며 가맹계약서와 영업방침 등에서 정한 내용을 성실히 이행하여 가맹사업이 더욱 활성화되도록 최선을 다하겠습니다.

년 월 일

가맹점명 :   가맹점사업자명 :   (인)

가맹본부 귀중

5. 6 가맹계약 종료(갱신 거절) 통지서(가맹점사업자용)

가맹점사업자가 가맹계약 기간 만료에 따라 가맹계약을 갱신하지 않고 종료하고자 하는 경우 가맹본부에 통지하는 문서이다.

가맹계약 종료(갱신 거절) 통지서

본인은 가맹본부와 가맹계약을 체결한 가맹점사업자로 가맹본부와의 가맹계약을 갱신하지 않고 가맹계약기간이 만료되는 날 가맹계약을 종료할 것을 아래와 같이 통지합니다.

1. 현 황

영업표지	
가맹점명	
성 명	
연 락 처	
가맹계약기간 만료일	
갱신 거절사유	

2. 본인은 가맹본부와 체결한 가맹계약서에 따라 계약의 종료와 그 조치에서 정한 의무와 영업비밀유지 의무 등을 성실하게 이행하겠습니다.

년 월 일

가맹점명 :　　　　　　가맹점사업자명 :　　　　　(인)

가맹본부 귀중

5. 7 가맹계약 종료 통지(가맹점사업자의 갱신 요구 거절)

　가맹점사업자가 가맹계약의 갱신을 요구하는 통지를 가맹본부에 하였고 가맹본부가 가맹점사업자의 계약위반 사유로 갱신 요구를 거절하는 경우 가맹점사업자에게 통지하는 문서이다.

제 목: 가맹계약 종료 통지(가맹점사업자의 갱신 요구 거절)

1. 귀하의 일익 번창하심을 기원합니다.

2. 귀하와 당사는 가맹계약을 체결하며 가맹계약기간을 　년 　월 　일 ~ 　년 　월 　일로 정하고 현재까지 계속적인 거래관계를 이어 오고 있으며, 상호 신의 성실의 원칙에 입각하여 가맹계약 내용을 이행할 의무가 있습니다.

3. 귀하가 　년 　월 　일 당사에 요구한 가맹계약 갱신(재계약)과 관련하여 답변 드립니다.

4. 당사는 귀하가 가맹사업거래의 공정화에 관한 법률(이하 '가맹사업법') 제13조 제1항에서 정한 갱신거절 사유에 해당되어 귀하에게 해당 내용을 알리고 　년 　월 　일까지 시정할 것을 요구하였으나, 이를 시정하지 않았으므로 당사는 가맹사업법 제13조 제3항에 따라 거절 사유를 적어 귀하와의 가맹계약을 갱신하지 않고 가맹계약기간이 만료되는 　년 　월 　일로 종료할 것을 통지합니다.

5. 귀하에 대한 갱신거절 사유는 아래와 같습니다.

　◎ 갱신거절 사유 :

6. 귀하는 당사와 체결한 가맹계약이   년 월 일 종료됨에 따라 가맹계약서에서 정한 계약종료 후 조치 의무와 영업비밀 유지 의무 등을 성실히 이행하여야 하며, 성실히 이행하지 않을 경우 당사는 손해배상 청구 등 민·형사상의 법적절차에 따라 대응할 것입니다.

7. 당사는 귀하와 원만하게 가맹계약이 종료되기를 희망합니다.

년 월 일

가맹본부   (인)

5. 8 가맹계약 종료 통지(가맹점사업자의 갱신 거절)

　가맹점사업자가 갱신계약을 체결하지 않고 가맹계약을 종료한다고 하는 경우 가맹본부는 계약종료 통지를 할 수 있다.

제 목: 가맹계약 종료 통지(가맹점사업자의 갱신 거절)

1. 귀하의 일익 번창하심을 기원합니다.

2. 귀하와 당사는 가맹계약을 체결하고 현재까지 계속적인 거래관계를 이어 오고 있으며 가맹계약기간은   년   월   일 ~   년   월   일로 정한 바 있습니다.

3. 귀하는   년   월   일 당사에 가맹계약을 갱신하지 않을 것을 통지하였습니다.

4. 따라서, 귀하와 당사가 체결한 가맹계약은 가맹계약기간이 만료되는   년   월   일로 종료됨을 알려 드립니다.

5. 귀하는 당사와 체결한 가맹계약이   년   월   일 종료됨에 따라 가맹계약서에서 정한 계약종료 후 조치 의무와 영업비밀 유지 의무 등을 성실히 이행하여야 하며, 성실히 이행하지 않을 경우 당사는 손해배상 청구 등 민·형사상의 법적절차에 따라 대응할 것입니다.

6. 당사는 귀하와 원만하게 가맹계약이 종료되기를 희망합니다.

　　　　　　　　　　　　　년　　월　　일

　　　　　　　　　　　가맹본부　　　　　(인)

5. 9 영업지역 변경 합의서

가맹본부는 가맹점사업자와 체결한 가맹계약서에서 정한 영업지역을 가맹사업법에서 정한 정당한 사유가 발생한 경우 가맹계약을 갱신할 때 가맹점사업자의 합의를 얻어 변경할 수 있다.

영업지역 변경 합의서

1. 가맹본부는 가맹계약을 갱신할 때 계약내용을 변경하고자 하는 경우 가맹점사업자와 체결한 가맹계약기간 만료 전 180일~90일 사이에 가맹계약의 변경 내용을 가맹점사업자에게 통지하여야 합니다.

2. 가맹본부는 가맹점사업자에게 가맹계약기간 만료 전 180일~90일 사이에 영업지역 변경 및 가맹계약의 변경 내용 등 가맹계약 갱신 시 변경되는 내용에 대해 통지하였습니다.

3. 가맹계약서(제*조제*항)와 가맹사업법(제12조의4 제2항)에서 가맹본부는 가맹계약 갱신과정에서 상권의 급격한 변화 등 다음의 어느 하나에 해당하는 경우 가맹점사업자와의 합의를 통해 영업지역을 변경할 수 있다고 정하고 있습니다.
1) 재건축, 재개발, 신도시 건설 등으로 인하여 상권의 급격한 변화가 발생하는 경우
2) 해당 상권의 거주인구 또는 유동인구가 현저히 변동되는 경우
3) 소비자의 기호변화 등으로 인하여 해당 상품·용역에 대한 수요가 현저히 변동되는 경우
4) 제1호부터 제3호까지의 규정에 준하는 경우로서 기존 영업지역을 그대로 유지하는 것이 현저히 불합리하다고 인정되는 경우

4. 가맹본부는 정당한 사유(내용기재: 해당 상권의 거주인구가 현저히 변경되는 경우 등)로 영업지역 변경을 통지하였고, 가맹점사업자와 아래와 같이 영업지역을 변경하는 것으로 합의하고 가맹계약을 갱신합니다.

기존 영업지역: _____
변경 영업지역: _____

5. 가맹계약 갱신과정에서 가맹본부와 가맹점사업자가 합의하여 영업지역을 변경하며 갱신계약 시작일로부터 변경된 영업지역의 효력이 발생합니다.

6. 참고로 영업지역은 가맹본부가 직영점이나 가맹점을 추가적으로 개설하지 않는 지역입니다.

년　월　일

가맹본부　　　　　　　　　　**가맹점사업자**
회 사 명 :　　　　　　　　　　가맹점명 :
대표이사 :　　　　　(인)　　성　 명 :　　　　　(인)

가맹사업 궁금한 이야기 5

월간 창업앤프랜차이즈 2017년 7월 기고

가맹점의 영업지역 변경과 영업지역 외 배달금지 가능한가?

A치킨 가맹본부는 2년 전 판교신도시점 가맹점사업자와 가맹계약을 체결하면서 아직 상권이 형성되어 있지 않아 영업지역을 판교 전 지역으로 설정했다. 그런데 최근 판교신도시는 거주인구와 유동인구가 급격히 늘어나면서 상권이 활성화되었다. 그런데도 판교신도시점은 다른 지역 가맹점보다 영업지역이 3배나 큰 상태에서도 가맹점의 매출은 평균 정도를 유지할 뿐이었다. 가맹본부는 이에 대한 대처방안을 찾는 과정에서 두 가지 고민이 생겼다.

하나는 급격한 상권 활성화에 비하여 매출이 저조한 원인으로는 가맹점사업자의 영업활동이 제대로 이루어지지 못하고 있다는 것과 일반적인 영업지역보다 크게 설정된 영업지역이 문제가 되었다. 적극적인 해결방안으로는 가맹점사업자가 매출을 증가시키기 위한 마케팅활동을 하는 것이나 가맹점사업자가 마케팅 비용 발생에 대해 부정적으로 인식하고 있어 이에 대한 차선의 방안으로 가맹계약 갱신과정에서 축소된 영업지역으로 변경하고자 한다. 그렇다면 이는 법적으로 가능한 것인가?

다른 하나는 판교신도시 지역과 가까운 분당서현점이 계속 판교지역으로 배달 영업활동을 하고 있다는 것이다. 판교신도시점에 피해를 주고 있는 분당서현점의 영업지역 외 배달행위를 금지하는 것이 가능한 것인가?

결론부터 말하면, 첫 번째로 가맹본부는 가맹계약 체결 시 가맹점사업자에게 설정한 영업지역을 가맹점사업자의 동의 없이 변경할 수 없다. 두 번째로 가맹점사업자에게 영업지역 외 다른 지역에 대해 영업을 하지 못하도록 강제할 수 없다. 따라서, 판교신도시점의 영업지역을 변경할 수 없고 분당서현점의 판교지역 배달 영업을 금지할 수 없다. 위 사례와 관련된 영업지역에 대한 가맹사업법 규정을 자세히 살펴보자.

영업지역이란? 가맹사업법에서는 영업지역을 가맹점사업자가 가맹계약에 따라 상품 또는 용역을 판매하는 지역으로 정의하고 있다. 영업지역 설정에 관한 사항은 가맹사업법에서 가맹계약서의 필수적 기재사항으로 규정되고 있다. 이에 가맹본부는 가맹계약 체결 시 가맹점사업자의 영업지역을 설정하여 가맹계약서에 이를 기재하여야 한다.

가맹본부는 가맹점사업자의 영업지역은 임의로 변경할 수 없으나 상권의 급격한 변화 등 대통령령으로 정하는 사유가 발생한 경우 가맹계약 갱신과정에서 가맹본부와 가맹점사업자가 합의하여 기존 영업지역을 합리적으로 변경할 수 있다.

대통령령으로 정하는 상권의 급격한 변화는 재건축, 재개발 또는 신도시 건설 등으로 인하여 상권의 급격한 변화가 발생한 경우, 해당 상권의 거주인구 또는 유동인구가 현저히 변동되는 경우, 소비자의 기호변화 등으로 인하여 해당 상품 용역에 대한 수요가 현저히 변동되는 경우, 기존 영업지역을 그대로 유지하는 것이 현저히 불합리하다고 인정되는 경우를 말한다.

이에 따라 가맹본부가 가맹점사업자의 영업지역을 변경하기 위해서는 ① 상권의 급격한 변화가 있어야 하고 ② 가맹계약 갱신과정에서만 할 수 있고 ③ 가맹점사업자와 합의하여 ④ 기존 영업지역을 합리적으로 변경할 수 있어야 하고, 가맹점사업자의 영업지역을 축소하는 등 불리한 조건으로 합의할 가맹점사업자는 없기 때문에 실질적으로는 가맹본부가 가맹점사업자의 영업지역을 축소하여 변경하는 것은 불가능하다고 볼 수 있다.

가맹사업법은 불공정거래행위를 못 하도록 정하고 있는데 이 중 가맹본부가 부당하게 가맹점사업자에게 영업지역을 준수하도록 조건을 붙이거나 이를 강제하는 행위를 할 수 없도록 하는 규정이 있다. 따라서, 가맹본부가 가맹점사업자에게 계약 체결 시 설정한 영업지역에서만 영업활동을 하도록 강제하는 것은 불공정거래행위가 된다.

다만, 가맹본부가 가맹점사업자의 영업거점지역을 정하는 행위, 가맹점사업자가 자기의 영업지역에서의 판매책임을 다한 경우에 영업지역 외의 다른 지역에서 판매할 수 있도록 하는 행위, 가맹점사업자가 자기의 영업지역 외의 다른 지역에서 판매하고자 하는 경우 그 지역의 가맹점사업자에게 광고선전비 등 판촉비용에 상당하는 일정한 보상금을 지불하도록 하는 행위는 할 수 있다.

가맹점사업자의 합의 없이 가맹점사업자의 영업지역을 변경하거나 가맹점사업자에게 영업지역 내에서만 영업활동을 강제하는 가맹본부가 법 위반으로 제재를 받는 경우가 많으므로 가맹사업법에서 정한 절차대로 진행하여야 한다.

영업지역 제도 관련 Q&A

Q. 가맹본부는 가맹점의 영업지역을 설정할 의무가 있나요?

A. 있다. 가맹본부는 가맹계약 체결 시 가맹점사업자의 영업지역을 설정하여 가맹계약서에 이를 기재하여야 한다.

Q. 가맹본부는 가맹점의 영업지역을 변경할 수 있나요?

A. 없다. 다만, 상권의 급격한 변화 등 정당한 사유가 있는 경우 가맹계약 갱신 과정에서 가맹본부와 가맹점사업자가 합의하여 기존 영업지역을 변경할 수 있다. 정당한 사유는 다음과 같다.
1. 재건축, 재개발 또는 신도시 건설 등으로 인하여 상권의 급격한 변화가 발생하는 경우
2. 해당 상권의 거주인구 또는 유동인구가 현저히 변동되는 경우
3. 소비자의 기호변화 등으로 인하여 해당 상품 용역에 대한 수요가 현저히 변동되는 경우

정당한 사유와 가맹점사업자의 동의가 있어야 변경할 수 있으므로 가맹점사업자에게 불리한 영업지역의 변경은 가맹점사업자가 거절할 수 있기 때문에 가맹본부는 가맹점의 영업지역을 변경할 수 없다고 볼 수 있다.

Q. 배달영업과 관련하여 영업지역 침해로 가맹점 간 분쟁이 발생하는 경우가 있습니다. 가맹본부가 가맹점사업자에게 다른 가맹점의 영업지역에서 배달 등 영업활동을 못 하도록 강제할 수 있나요?

A. 없다. 가맹본부가 가맹점사업자에게 설정한 영업지역은 직영점이나 가맹점을 추가로 설치하지 않기로 정한 지역으로 영업활동을 독점적으로 할 수 있는 지역이 아니다. 가맹본부가 가맹점사업자에게 다른 가맹점의 영업지역에서 배달 등 영업활동을 못 하도록 하는 경우 불공정거래행위로 가맹사업법 위반 행위가 될 수 있다. 다만 예외적으로 가맹본부는 가맹점의 영업거점지역을 정해 주거나, 가맹점의 영업지역에서 판매책임을 다한 경우에 영업지역 외 다른 지역에서 판매할 수 있도록 하거나 가맹점의 영업지역 외의 다른 지역에서 판매하고자 하는 경우 그 지역의 가맹점사업자에게 광고선전비 등 판촉비용에 상당하는 일정한 보상금을 지불하도록 하는 것은 가능하다.

정리하면, 가맹본부는 가맹점 간의 과잉경쟁을 방지하기 위해 영업 거점지역을 정하거나 가맹점 간의 영업지역 분쟁을 해결하기 위한 조정 등은 할 수 있으나 다른 가맹점의 영업지역에 배달 등 영업활동을 못 하도록 강제할 수는 없다.

> [가맹사업거래의 공정화에 관한 법률]
> 제12조(불공정거래행위의 금지)
> ① 가맹본부는 다음 각 호의 어느 하나에 해당하는 행위로서 가맹사업의 공정한 거래를 저해할 우려가 있는 행위를 하거나 다른 사업자로 하여금 이를 행하도록 하여서는 아니된다.
> 2. 가맹점사업자가 취급하는 상품 또는 용역의 가격, 거래상대방, 거래지역이나 가맹점사업자의 사업활동을 부당하게 구속하거나 제한하는 행위
> 제12조의4(부당한 영업지역 침해금지)
> ① 가맹본부는 가맹계약 체결 시 가맹점사업자의 영업지역을 설정하여 가맹계약서에 이를 기재하여야 한다.
> ② 가맹본부가 가맹계약 갱신과정에서 상권의 급격한 변화 등 대통령령으로 정하는 사유가 발생하여 기존 영업지역을 변경하기 위해서는 가맹점사업자와 합의하여야 한다.

③ 가맹본부는 정당한 사유 없이 가맹계약기간 중 가맹점사업자의 영업지역 안에서 가맹점사업자와 동일한 업종(수요층의 지역적·인적 범위, 취급품목, 영업형태 및 방식 등에 비추어 동일하다고 인식될 수 있을 정도의 업종을 말한다)의 자기 또는 계열회사(「독점규제 및 공정거래에 관한 법률」 제2조제12호에 따른 계열회사를 말한다)의 직영점이나 가맹점을 설치하는 행위를 하여서는 아니 된다.

[가맹사업거래의 공정화에 관한 법률 시행령]
제13조의4(영업지역 변경사유)
법 제12조의4제2항에서 "상권의 급격한 변화 등 대통령령으로 정하는 사유가 발생하는 경우"란 다음 각 호의 어느 하나에 해당하는 경우를 말한다.
1. 재건축, 재개발 또는 신도시 건설 등으로 인하여 상권의 급격한 변화가 발생하는 경우
2. 해당 상권의 거주인구 또는 유동인구가 현저히 변동되는 경우
3. 소비자의 기호변화 등으로 인하여 해당 상품·용역에 대한 수요가 현저히 변동되는 경우
4. 제1호부터 제3호까지의 규정에 준하는 경우로서 기존 영업지역을 그대로 유지하는 것이 현저히 불합리하다고 인정되는 경우

[별표 2] 불공정거래행위의 유형 또는 기준
2. 구속조건부 거래
라. 영업지역의 준수강제
부당하게 가맹점사업자에게 영업지역을 준수하도록 조건을 붙이거나 이를 강제하는 행위. 다만, 다음 각 호의 어느 하나에 해당하는 행위는 그러하지 아니하다.
(1) 가맹본부가 가맹점사업자의 영업거점지역을 정하는 행위
(2) 가맹점사업자가 자기의 영업지역에서의 판매책임을 다한 경우에 영업지역 외의 다른 지역에서 판매할 수 있도록 하는 행위
(3) 가맹점사업자가 자기의 영업지역 외의 다른 지역에서 판매하고자 하는 경우 그 지역의 가맹점사업자에게 광고선전비 등 판촉비용에 상당하는 일정한 보상금을 지불하도록 하는 행위

6. 가맹계약 해지 및 종료

6.1 가맹사업법에서 정한 가맹계약 해지 규정

가맹본부는 가맹점사업자와 체결한 가맹계약을 해지하려는 경우에는 가맹사업거래의 공정화에 관한 법률에서 정한 절차에 따라 진행하여야 한다. 그 구체적인 절차는 아래와 같다.

① 가맹본부는 가맹점사업자가 가맹계약에서 정한 내용을 위반하여 가맹계약을 해지하려는 경우에는 가맹사업거래의 공정화에 관한 법률에 따라 가맹점사업자에게 2개월 이상의 유예기간을 두고 계약의 위반사실을 구체적으로 밝혀 이를 시정하지 아니하면 그 계약을 해지한다는 사실을 서면으로 2회 이상 통지하여야 한다. 이러한 절차를 거치지 않은 가맹계약 해지는 효력이 없다.

가맹계약서에서 정하고 있지 않은 사유로 해지하는 경우나 절차상 하자 있는 해지 등은 부당한 계약해지에 해당되어 과징금 처분을 받을 수 있다.

다만, 가맹사업법에서 정한 즉시 해지사유에 해당되는 경우에는 이러한 절차를 거치지 않고 바로 해지할 수 있다.

② 가맹점사업자의 가맹계약 위반에 따른 가맹계약 해지의 구체적인 절차는 다음과 같다.

  (1) 가맹점사업자의 가맹계약 위반사실 발생 및 확인

가맹본부는 가맹점사업자가 가맹계약 내용을 위반한 경우 구두경고, 경고장 등으로 가맹계약 위반 사항을 즉시 시정할 것을 요구할 수 있다.

(2) 가맹점사업자에게 1차 시정요구 및 해지 통지

가맹본부는 가맹점사업자가 가맹계약 내용을 위반한 경우 가맹계약 해지 절차를 진행하기 위해 1차 시정요구 및 해지 통지를 할 수 있다. 가맹사업법에 따라 계약의 위반사실을 구체적으로 밝히고 이를 시정하지 아니하면 계약을 해지한다는 내용이 포함되어야 한다. 가맹점사업자가 통지 내용을 수령하기 전에 방문, 전화 등으로 위반사항을 시정하여 불이익을 받지 않도록 안내하는 것이 바람직하다.

(3) 가맹점사업자의 1차 시정요구 및 해지 통지 수령여부 확인

가맹본부가 통지한 내용을 가맹점사업자가 수령하여야 효력이 있으므로 발송한 내용증명 통지에 대해 우체국 사이트를 통해 수령 및 수령일을 확인한다.

(4) 가맹점사업자가 1차 시정요구 및 해지 통지를 수령하고 일정기간이 지나도 계속적으로 위반내용을 시정하지 않을 경우

가맹점사업자가 가맹본부가 통지한 1차 시정요구 및 해지 통지를 수령 후에도 계속적으로 위반내용을 시정하지 않고 있는 경우 2차 시정요구 및 해지 통지를 발송한다.

(5) 가맹점사업자에게 2차 시정요구 및 해지 통지

가맹점사업자가 가맹본부가 통지한 1차 시정요구 및 해지 통지를 수령한 후에도 계속적으로 위반내용을 시정하지 않고 있는 경우 2차 시정요구 및 해지 통지를 발송하며, 가맹점사업자가 1차 시정요구 및 해지 통지 수령일로부터 2개월이 경과한 날에 해지한다는 내용을 포함하여 통지할 수 있다.

(6) 가맹점사업자의 2차 시정요구 및 해지 통지 수령여부 확인

가맹본부가 통지한 내용을 가맹점사업자가 수령하여야 효력이 있으므로 발송한 2차 시정요구 및 해지 통지 내용증명에 대해 우체국 사이트를 통해 수령 및 수령일을 확인한다.

(7) 가맹점사업자가 2차 시정요구 및 해지 통지를 수령하고 1차 시정요구 및 해지 통지를 수령한 날로부터 2개월이 경과한 날(해지확정일 전)까지 계속적으로 위반사실을 시정하지 않는 경우

2차 시정요구 및 해지 통지에 기재된 가맹계약해지 확정일에 가맹계약이 해지된다.

(8) 해지확정통지 발송 – 선택사항(해지확정통지는 의무가 아님.)

가맹본부는 2차 시정요구 및 해지 통지에서 가맹계약 해지를 명확하게 기재했으므로 별도 해지확정통지를 할 의무는 없으나 가맹점사업자가 가맹계약 종료에 따른 의무를 이행하기 위해 해지확정통지를 할 수 있다.

> **가맹사업법 제14조(가맹계약해지의 제한)**
> ① 가맹본부는 가맹계약을 해지하려는 경우에는 가맹점사업자에게 2개월 이상의 유예기간을 두고 계약의 위반 사실을 구체적으로 밝히고 이를 시정하지 아니하면 그 계약을 해지한다는 사실을 서면으로 2회 이상 통지하여야 한다. 다만, 가맹사업의 거래를 지속하기 어려운 경우로서 대통령령이 정하는 경우에는 그러하지 아니하다.
> ② 제1항의 규정에 의한 절차를 거치지 아니한 가맹계약의 해지는 그 효력이 없다.
>
> **가맹사업법 시행령 제15조(가맹계약의 해지사유)**
> 법 제14조제1항 단서에서 "대통령령이 정하는 경우"란 다음 각 호의 어느 하나에 해당하는 경우를 말한다.
> 1. 가맹점사업자에게 파산 신청이 있거나 강제집행절차 또는 회생절차가 개시된 경우
> 2. 가맹점사업자가 발행한 어음·수표가 부도 등으로 지급정지된 경우
> 3. 천재지변, 중대한 일신상의 사유 등으로 가맹점사업자가 더 이상 가맹사업을 경영할 수 없게 된 경우

4. 가맹점사업자가 가맹점 운영과 관련되는 법령을 위반하여 다음 각 목의 어느 하나에 해당하는 행정처분을 받거나 법원 판결을 받음으로써 가맹본부의 명성이나 신용을 뚜렷이 훼손하여 가맹사업에 중대한 장애를 초래한 경우

가. 위법사실을 시정하라는 내용의 행정처분
나. 위법사실을 처분사유로 하는 과징금·과태료 등 부과처분
다. 위법사실을 처분사유로 하는 영업정지 명령

5. 삭제

6. 가맹점사업자가 가맹점 운영과 관련되는 법령을 위반하여 자격·면허·허가 취소 또는 영업정지 명령(15일 이내의 영업정지 명령을 받은 경우는 제외한다) 등 그 시정이 불가능한 성격의 행정처분을 받은 경우. 다만, 법령에 근거하여 행정처분을 갈음하는 과징금 등의 부과 처분을 받은 경우는 제외한다.

7. 가맹점사업자가 법 제14조제1항 본문에 따른 가맹본부의 시정요구에 따라 위반사항을 시정한 날부터 1년(계약갱신이나 재계약된 경우에는 종전 계약기간에 속한 기간을 합산한다) 이내에 다시 같은 사항을 위반하는 경우. 다만, 가맹본부가 시정을 요구하는 서면에 다시 같은 사항을 1년 이내에 위반하는 경우에는 법 제14조제1항의 절차를 거치지 아니하고 가맹계약이 해지될 수 있다는 사실을 누락한 경우는 제외한다.

8. 가맹점사업자가 가맹점 운영과 관련된 행위로 형사처벌을 받은 경우

9. 가맹점사업자가 뚜렷이 공중의 건강이나 안전에 급박한 위해를 일으킬 염려가 있는 방법이나 형태로 가맹점을 운영하고 있으나, 행정청의 시정조치를 기다리기 어려운 경우

10. 가맹점사업자가 정당한 사유 없이 연속하여 7일 이상 영업을 중단한 경우

6. 2 가맹계약 위반에 따른 경고 통지

　가맹본부는 가맹점사업자가 가맹계약 내용을 위반한 경우 바로 1차 시정요구 및 해지 통지를 할 수 있지만, 위반한 계약내용이 경미하거나 가맹점사업자가 시정할 가능성이 높은 경우 1차 시정요구 및 해지 통지를 하지 않고 경고 통지를 우선적으로 발송할 때 사용하는 문서이다.

제 목: 가맹계약 위반에 따른 경고 통지

1. 귀하의 일익 번창하심을 기원합니다.

2. 당사는 귀하가 당사와 체결한 가맹계약 내용을 준수할 의무를 다하지 않고 체결한 가맹계약 내용을 위반하여 가맹사업거래의 공정화에 관한 법률(이하 '가맹사업법'이라 한다)에 따라 귀하에게 위반 내용을 알리고 시정할 것을 요구합니다. 또한, 귀하가 계약내용을 위반하였으므로 당사는 귀하와 당사가 체결한 계약기간이 만료되면 갱신하지 않고 계약을 종료할 수 있습니다.

3. 당사는 귀하가 아래 기재된 위반 내용을 시정하여 가맹계약 해지와 손해배상 청구에 따른 불이익을 당하지 않도록 귀하의 적극적인 협조를 당부드립니다.

　　◎ 가맹계약서 근거규정 :

　　◎ 가맹계약 위반내용 :

4. 귀하는 위반한 내용을 즉시 시정하고 그 사실을 당사에 통지해 주시기 바랍니다.

5. 당사는 귀하가 위반한 내용을 신속히 시정하고 당사와 체결한 계약내용을 준수하여 가맹계약이 유지될 수 있기를 희망합니다.

첨부: 해지 절차(근거: 가맹사업법 및 가맹계약서)

가. 당사가 귀하에게 2개월 이상의 유예기간을 두고 계약의 위반 사실을 구체적으로 밝히고 이를 시정하지 아니하면 계약을 해지한다는 사실을 서면으로 2회 이상 통지한 경우 귀하와 체결한 가맹계약을 해지할 수 있습니다.

나. 귀하가 당사의 시정요구에 따라 위반사항을 시정한 날부터 1년(계약갱신이나 재계약된 경우에는 종전 계약기간에 속한 기간을 합산한다.) 이내에 다시 같은 사항을 위반하는 경우 가맹사업법에 따라 당사는 귀하에게 시정요구를 하지 않고 귀하와 체결한 가맹계약을 즉시 해지할 수 있습니다. 또한, 귀하가 계약내용을 위반하였으므로 당사는 귀하와 당사가 체결한 계약기간이 만료되면 갱신하지 않고 계약을 종료할 수 있습니다.

년   월   일

가맹본부   (인)

6. 3 가맹계약 위반에 따른 시정요구 및 가맹계약해지 통지(1차)

　가맹본부는 가맹점사업자가 가맹계약 내용을 위반하여 가맹계약 해지 절차를 진행하는 경우 1차 시정요구 및 해지 통지를 하여야 한다.

제 목: 가맹계약 위반에 따른 시정요구 및 가맹계약해지 통지(1차)

1. 귀하의 일익 번창하심을 기원합니다.

2. 귀하와 당사는 가맹계약을 체결하고 현재까지 계속적인 거래관계를 이어 오고 있으며, 상호 신의성실의 원칙에 입각하여 가맹계약 내용을 이행할 의무가 있습니다.

3. 그러나 귀하는 당사와 체결한 가맹계약 내용을 이행하지 않고 이를 위반하였기에, 당사는 귀하에게 위반 사실을 아래와 같이 구체적으로 알리고 이를 시정할 것을 요구합니다.

　◎ 가맹계약서 근거규정 :

　◎ 가맹계약 위반내용 :

4. 당사가 귀하에게 시정할 것을 요구하였으나 귀하가 이를 시정하지 않는 경우 당사는 가맹사업거래의 공정화에 관한 법률(이하 '가맹사업법') 제14조 제1항에 따라 가맹계약을 해지할 것입니다. 또한, 당사는 귀하와 당사가 체결한 가맹계약기간이 만료되면 갱신하지 않고 가맹계약을 종료할 수 있습니다.

　◎ 가맹사업법 제14조 제1항
　　가맹본부는 가맹계약을 해지하려는 경우에는 가맹점사업자에게 2개월 이상의 유예기간을 두고 계약의 위반 사실을 구체적으로 밝히고 이를 시정하지 아니하면 그 계약을 해지한다는 사실을 서면으로 2회 이상 통지하여야 한다.

5. 귀하는 위반 사실에 대해 즉시 시정하고 그 사실을 당사에 서면으로 통지하여 알려 주시기 바랍니다.

6. 귀하가 당사의 시정요구에 따라 위반사항을 시정한 날부터 1년(계약갱신이나 재계약된 경우에는 종전 계약기간에 속한 기간을 합산한다.) 이내에 다시 같은 사항을 위반하는 경우 가맹사업법에 따라 당사는 귀하에게 시정요구를 하지 않고 귀하와 체결한 가맹계약을 즉시 해지할 수 있습니다.

7. 당사는 귀하가 위반 사실을 시정하여 가맹계약 해지와 손해배상 청구에 따른 불이익 등을 당하지 않도록 적극적인 협조를 당부드리며, 당사와 체결한 가맹계약 내용을 준수하여 가맹계약 관계가 원만히 유지될 수 있기를 희망합니다.

첨부: 해지 절차(근거: 가맹사업법 및 가맹계약서)

가. 당사가 귀하에게 2개월 이상의 유예기간을 두고 계약의 위반 사실을 구체적으로 밝히고 이를 시정하지 아니하면 계약을 해지한다는 사실을 서면으로 2회 이상 통지한 경우 귀하와 체결한 가맹계약을 해지할 수 있습니다.

나. 귀하가 당사의 시정요구에 따라 위반사항을 시정한 날부터 1년(계약갱신이나 재계약된 경우에는 종전 계약기간에 속한 기간을 합산한다.) 이내에 다시 같은 사항을 위반하는 경우 가맹사업법에 따라 당사는 귀하에게 시정요구를 하지 않고 귀하와 체결한 가맹계약을 즉시 해지할 수 있습니다. 또한, 귀하가 계약내용을 위반하였으므로 당사는 귀하와 당사가 체결한 계약기간이 만료되면 갱신하지 않고 계약을 종료할 수 있습니다.

년   월   일

가맹본부   (인)

6. 4 가맹계약 위반에 따른 시정요구 및 가맹계약해지 통지(2차)

　가맹점사업자가 가맹본부가 통지한 1차 시정요구 및 해지 통지를 수령한 후에도 계속적으로 위반내용을 시정하지 않고 있는 경우 2차 시정요구 및 해지 통지를 발송하며, 가맹점사업자가 1차 시정요구 및 해지 통지를 수령일로부터 2개월이 경과한 날에 해지한다는 내용을 포함하여 통지할 수 있다.

제 목: 가맹계약 위반에 따른 시정요구 및 가맹계약해지 통지(2차)

1. 귀하의 일익 번창하심을 기원합니다.

2. 귀하와 당사는 가맹계약을 체결하고 현재까지 계속적인 거래관계를 이어 오고 있으며, 상호 신의성실의 원칙에 입각하여 가맹계약 내용을 이행할 의무가 있습니다.

3. 귀하는 당사와 체결한 가맹계약 내용을 이행하지 않고 이를 위반하였기에, 당사는 귀하에게 위반 사실을 구체적으로 알리고 이를 시정할 것을 　　년 　　월 　　일(1차 통지 수령일) 최초 통지하였습니다.

4. 그러나 귀하는 당사의 시정요구 및 가맹계약해지 통지(1차)에도 불구하고 시정하지 않고 있으므로 당사는 귀하에게 아래와 같이 위반 사실을 구체적으로 알리고 이를 시정할 것을 재차 요구합니다.

　◎ 가맹계약서 근거규정 :

　◎ 가맹계약 위반내용 :

5. 귀하는 위반 사실에 대해 즉시 시정하고 그 사실을 당사에 서면으로 통지해 주시기 바랍니다.

6. 당사가 귀하에게 시정할 것을 2회 이상 요구하였으나 이를 시정하지 않는 경우 당사는 가맹사업거래의 공정화에 관한 법률(이하 '가맹사업법') 제14조 제1항에 따라 귀하와 체결한 가맹계약은   년   월   일(1차 통지 수령일로부터 2개월 이상 경과한 날) 해지됩니다.

   ◎ 가맹사업법 제14조 제1항
   가맹본부는 가맹계약을 해지하려는 경우에는 가맹점사업자에게 2개월 이상의 유예기간을 두고 계약의 위반 사실을 구체적으로 밝히고 이를 시정하지 아니하면 그 계약을 해지한다는 사실을 서면으로 2회 이상 통지하여야 한다.

7. 귀하가 당사의 시정요구에 따라 위반사항을 시정한 날부터 1년(계약갱신이나 재계약된 경우에는 종전 계약기간에 속한 기간을 합산한다.) 이내에 다시 같은 사항을 위반하는 경우 가맹사업법에 따라 당사는 귀하에게 시정요구를 하지 않고 귀하와 체결한 가맹계약을 즉시 해지할 수 있습니다.

8. 당사는 귀하가 위반 사실을 시정하여 가맹계약 해지와 손해배상 청구에 따른 불이익 등을 당하지 않도록 적극적인 협조를 당부드리며, 당사와 체결한 가맹계약 내용을 준수하여 가맹계약 관계가 원만히 유지될 수 있기를 희망합니다.

첨부: 해지 절차(근거: 가맹사업법 및 가맹계약서)

가. 당사가 귀하에게 2개월 이상의 유예기간을 두고 계약의 위반 사실을 구체적으로 밝히고 이를 시정하지 아니하면 계약을 해지한다는 사실을 서면으로 2회 이상 통지한 경우 귀하와 체결한 가맹계약을 해지할 수 있습니다.

나. 귀하가 당사의 시정요구에 따라 위반사항을 시정한 날부터 1년(계약갱신이나 재계약된 경우에는 종전 계약기간에 속한 기간을 합산한다.) 이내에 다시 같은 사항을 위반하는 경우 가맹사업법에 따라 당사는 귀하에게 시정요구를 하지 않고 귀하와 체결한 가맹계약을 즉시 해지할 수 있습니다. 또한, 귀하가 계약내용을 위반하였으므로 당사는 귀하와 당사가 체결한 계약기간이 만료되면 갱신하지 않고 계약을 종료할 수 있습니다.

년   월   일

가맹본부   (인)

6. 5 가맹계약 위반에 따른 가맹계약해지 및 종료조치 통지

가맹본부는 2차 시정요구 및 해지 통지에서 가맹계약 해지를 명확하게 기재했으므로 별도 해지확정통지를 할 의무는 없으나, 가맹계약 해지 확정일 전후로 가맹계약 해지에 따른 가맹점사업자가 가맹계약 종료에 따른 의무에 대한 이행을 촉구하기 위해 해지확정통지를 할 수 있다.

제 목: 가맹계약 위반에 따른 가맹계약해지 및 종료조치 통지

1. 귀하의 일익 번창하심을 기원합니다.

2. 귀하와 당사는 가맹계약을 체결한 바 있습니다.

3. 당사는 귀하가 당사와 체결한 가맹계약 내용을 위반하여 가맹사업거래의 공정화에 관한 법률(이하 '가맹사업법')에 따라 귀하에게 위반 사실을 구체적으로 알리고 이를 시정할 것을   년 월 일(1차 통지 수령일)에 1차로 통지하였고, 이후에도 이를 시정하지 않아   년 월 일(2차 통지 수령일)에 2차로 통지하였습니다.

4. 그러나 귀하는 당사의 시정요구 및 가맹계약해지 통지(1차, 2차)에도 불구하고,   년 월 일까지 위반 사실을 시정하지 않고 있습니다.

5. 당사는 가맹사업법에 따라 귀하에게 2개월 이상의 유예기간을 두고 계약의 위반 사실을 구체적으로 밝히고 이를 시정하지 아니하면 계약을 해지한다는 사실을 서면으로 2회 이상 통지하였으므로,   년 월 일(1차 통지 수령일로부터 2개월이 경과한 날 기재)로 당사는 귀하와 체결한 가맹계약을 해지합니다.

6. 귀하는 당사와 체결한 가맹계약이   년   월   일 해지됨에 따라 가맹계약서에서 정한 계약종료 후 조치 의무와 영업비밀 유지 의무 등을 성실히 이행하여야 하며, 성실히 이행하지 않을 경우 당사는 손해배상 청구 등 민·형사상의 법적절차에 따라 대응할 것입니다.

7. 당사가 법적절차 착수에 앞서 귀하가 신속히 이행하여 주시길 바랍니다.

년   월   일

가맹본부   (인)

6. 6 가맹계약 위반에 따른 가맹계약 즉시해지 및 종료조치 통지(영업중단)

가맹본부는 가맹점사업자의 위반 행위가 가맹사업법에서 정한 즉시해지 사유에 해당하는 경우 체결한 가맹계약을 즉시 해지할 수 있으며 가맹계약 종료에 따른 조치내용과 함께 통지할 수 있다. 아래는 즉시해지 사유 중 가맹점사업자가 정당한 사유 없이 7일 이상 영업을 중단한 경우 사용하는 문서이다.

제 목: 가맹계약 위반에 따른 가맹계약 즉시해지 및 종료조치 통지(영업중단)

1. 귀하의 일익 번창하심을 기원합니다.

2. 귀하와 당사는 가맹계약을 체결한 바 있습니다.

3. 당사는 귀하의 위반사항이 가맹사업거래의 공정화에 관한 법률(이하 '가맹사업법')에서 정하고 있는 가맹계약 즉시해지 사유에 해당됨에 따라 아래와 같이 통지합니다.

① 귀하는   년 월 일부터   년 월 일까지 영업을 중단하고 있습니다.(별첨 참고: 근거 첨부)
② 이는 가맹사업법에 따른 가맹계약 즉시해지 사유 중 '정당한 사유 없이 연속하여 7일 이상 영업을 중단한 경우'에 해당하므로 이에 당사는 귀하에게 가맹계약 즉시해지를 통지합니다.
③ 당사는 귀하와 체결한 가맹계약을 20 년 월 일로 해지합니다.

4. 귀하는 당사와 체결한 가맹계약이   년 월 일 해지됨에 따라 가맹계약서에서 정한 계약종료 후 조치 의무와 영업비밀 유지 의무 등을 성실히 이행하여야 하며, 성실히 이행하지 않을 경우 당사는 손해배상 청구 등 민·형사상의 법적절차에 따라 대응할 것입니다.

5. 당사는 귀하와 원만하게 가맹계약이 종료되기를 희망하며 당사가 법적절차 착수에 앞서 귀하가 신속히 이행하여 주시길 바랍니다.

년   월   일

가맹본부   (인)

6. 7 가맹계약 위반에 따른
가맹계약 즉시해지 및 종료조치 통지(시정 후 동일한 위반)

가맹본부는 가맹점사업자의 위반 행위가 가맹사업법에서 정한 즉시해지 사유에 해당하는 경우 체결한 가맹계약을 즉시 해지할 수 있으며 가맹계약 종료에 따른 조치내용과 함께 통지할 수 있다. 가맹점사업자가 가맹본부의 시정요구에 따라 위반사항을 시정한 날로부터 1년 이내에 동일한 내용을 위반하여 가맹본부가 즉시 해지하는 경우 사용하는 문서이다.

제 목: 가맹계약 위반에 따른
가맹계약 즉시해지 및 종료조치 통지(시정 후 동일한 위반)

1. 귀하의 일익 번창하심을 기원합니다.

2. 귀하와 당사는 가맹계약을 체결한 바 있습니다.

3. 당사는 귀하의 위반사항이 가맹사업거래의 공정화에 관한 법률(이하 '가맹사업법')에서 정하고 있는 가맹계약 즉시해지 사유에 해당됨에 따라 아래와 같이 통지합니다.

   ① 당사는   년   월   일(시정요구 통지 수령일) 귀하가 당사와 체결한 가맹계약 내용을 위반하여 시정을 요구하며 위반사항을 시정한 날부터 1년 이내에 다시 같은 사항을 위반하는 경우 즉시 해지될 수 있다는 내용의 통지를 하였고, 귀하는   년   월   일에 이를 시정한 바 있습니다.(별첨 참고: 근거 첨부)
   ② 그러나, 귀하는   년   월   일 동일한 내용으로 가맹계약을 위반하였습니다.
   ③ 이는 가맹사업법에 따른 즉시 계약해지 사유 중 '가맹점사업자가 가맹본부의 시정요구에 따라 위반사항을 시정한 날부터 1년 이내에 다시 같은 사항을 위반하는 경우'에 해당하므로 이에 당사는 귀하에게 즉시 계약해지를 통지합니다.
   ④ 당사는 귀하와 체결한 가맹계약을   년   월   일로 해지합니다.

4. 귀하는 당사와 체결한 가맹계약이　　년　월　일 해지됨에 따라 가맹계약서에서 정한 계약종료 후 조치 의무와 영업비밀 유지 의무 등을 성실히 이행하여야 하며, 성실히 이행하지 않을 경우 당사는 손해배상 청구 등 민·형사상의 법적절차에 따라 대응할 것입니다.

5. 당사는 귀하와 원만하게 가맹계약이 종료되기를 희망하며 당사가 법적절차 착수에 앞서 귀하가 신속히 이행하여 주시길 바랍니다.

년　월　일

가맹본부　　　　(인)

6. 8 가맹계약 중도 해지 신청서(가맹점사업자용)

가맹점사업자가 가맹계약 기간 중 가맹계약을 해지하고자 하는 경우 가맹본부에 가맹계약 중도 해지 신청을 할 수 있으며 이때 사용하는 문서이다.

가맹계약 중도 해지 신청서

본인은 가맹본부와 가맹계약을 체결한 가맹점사업자로 가맹본부와 체결한 가맹계약을 아래와 같은 사유로 중도 해지하고자 가맹계약 중도 해지 신청서를 제출합니다.

1. 현 황

영업표지	
가맹점명	
성 명	
연 락 처	
가맹계약기간	
가맹계약 해지 희망일	
해지사유	

2. 본인은 가맹본부와 체결한 가맹계약서에 따라 계약종료 의무와 영업비밀 유지 의무 등을 성실하게 이행할 것입니다.

년 월 일

가맹점명 :　　　　　　가맹점사업자명 :　　　　　(인)

가맹본부 귀중

6. 9 가맹계약 중도 해지 신청에 따른 가맹계약 해지 안내

가맹본부는 가맹점사업자의 가맹계약 중도 해지 신청을 받고 이를 검토한 후 가맹계약을 해지할 수 있으며 이때 가맹점사업자에게 통지하는 문서이다.

제 목: 가맹계약 중도 해지 신청에 따른 가맹계약 해지 안내

1. 귀하의 일익 번창하심을 기원합니다.

2. 귀하와 당사는 가맹계약을 체결하여 계속적인 거래관계를 이어 오고 있었으나 귀하는   년   월   일 당사에 가맹계약의 중도 해지를 신청하였습니다.

3. 이에 따라 귀하와 당사 간 체결한 가맹계약은 귀하가 신청한 가맹계약 해지일인   년   월   일로 해지됨을 알려 드립니다.

4. 귀하는 당사와 체결한 가맹계약이   년   월   일 해지됨에 따라 가맹계약서에서 정한 계약종료 후 조치 의무와 영업비밀 유지 의무 등을 성실히 이행하여야 합니다.

5. 당사는 귀하와 원만하게 가맹계약이 해지되기를 희망합니다.

년   월   일

가맹본부   (인)

6. 10 가맹계약 해지 합의서

가맹본부와 가맹점사업자는 체결한 가맹계약을 합의하여 해지할 수 있으며 이때 가맹본부와 가맹점사업자는 가맹계약 해지 합의서를 작성하여 분쟁을 예방할 수 있다.

가맹계약 해지 합의서

1. 가맹본부와 가맹점사업자 양 당사자는 상호 간에 체결한 가맹계약을
　　　년　월　일로 해지하기로 아래와 같이 합의합니다.

합의사항	

2. 가맹본부와 가맹점사업자는 본 가맹계약 해지 합의서를 2부 작성하여 각 1부씩 보관하기로 합니다.

년　월　일

가맹본부	**가맹점사업자**
회 사 명 :	가맹점명 :
대표이사 :　　　　　　(인)	성　　명 :　　　　　　(인)

6. 11 가맹계약 위반 사실에 대한 소명 요청

가맹본부는 가맹점사업자가 가맹계약을 위반한 내용에 대해 소명할 수 있는 기회를 제공할 수 있다. 이때 가맹점사업자에게 통지하는 문서이다. 가맹점사업자는 위반사항 없음, 위반사항 확인 후 즉시 시정함, 신입직원 착오로 위반하였으나 즉시 시정함 등으로 가맹본부에 소명할 수 있고 가맹본부는 이를 검토할 수 있다.

제 목: 가맹계약 위반 사실에 대한 소명 요청

1. 귀하의 일익 번창하심을 기원합니다.

2. 귀하와 당사는 가맹계약을 체결하고 현재까지 계속적인 거래관계를 이어 오고 있으며, 상호 신의성실의 원칙에 입각하여 가맹계약 내용을 이행할 의무가 있습니다.

3. 그러나 당사는 귀하가 당사와 체결한 가맹계약 내용을 이행하지 않고 이를 위반한 사실을 아래와 같이 확인함에 따라 이에 대한 소명을 요청합니다.

   ◎ 가맹계약서 근거규정 :

   ◎ 가맹계약 위반내용 :

4. 귀하는 당사가 확인한 가맹계약 위반 사실에 대하여 구체적인 소명자료를 서면으로 작성하여   년   월   일까지 당사에 제출하시기 바랍니다.

5. 당사는 귀하가 제출기한 내에 소명자료를 제출하지 않거나, 소명자료에 기재된 내용이 허위로 판명되는 등 가맹계약 위반 사실에 대한 충분한 소명을 하지 않는 경우 가맹계약 내용을 위반한 것으로 간주하고 가맹사업거래의 공정화에 관한 법률에 따라 가맹계약 해지 절차를 진행할 수 있으며, 당사는 귀하와 당사가 체결한 가맹계약기간이 만료되면 갱신하지 않고 가맹계약을 종료할 수 있습니다.

6. 당사는 귀하와의 가맹계약 관계가 원만히 유지될 수 있기를 희망합니다.

년   월   일

가맹본부   (인)

6. 12 지식재산권 침해에 따른 통지

  가맹본부는 가맹계약이 종료된 이전 가맹점사업자나 지식재산권을 사용할 권리가 없는 자가 가맹본부의 지식재산권을 침해한 사례를 확인한 경우 가맹본부의 지식재산권의 사용을 중단할 것을 통지할 수 있다.

제 목: 지식재산권 침해에 따른 통지

1. 귀하의 일익 번창하심을 기원합니다.

2. 귀하는 당사의 지식재산권인 상표등록번호 41021*****을 불법적으로 사용하여 당사는 귀하에게 당사의 지식재산권의 사용을 중단할 것을 요구합니다.

3. 당사는 귀하의 불법행위에 대해 법적 절차 진행에 앞서 최종적으로 귀하에게 당사의 가맹점으로 직·간접적으로 오인할 수 있는 모든 행위(간판, 인터넷 노출 정보 등)에 대하여 사용을 중단할 것을 요구합니다.

4. 당사는 귀하가   년 월 일까지 당사의 지식재산권의 사용을 중단하지 않고 계속하여 사용할 경우 관련 법률에 따라 형사고소, 손해배상 청구 등 모든 법적 절차를 통하여 불법행위에 대한 책임을 물을 것입니다.

5. 당사는 귀하가 불법행위를 중단하여 손해배상 청구 등에 따른 불이익을 당하지 않도록 귀하의 적극적인 협조를 부탁드리며 원만하게 해결되기를 바랍니다.

년   월   일

가맹본부　　　　(인)

6. 13 상표권침해 고소장

가맹본부는 가맹본부의 지식재산권(상표권 등)을 침해한 사례를 확인한 경우 검찰이나 경찰에 고소하여 형사소송을 진행할 수 있다. 본 서식은 경찰서 민원실에서 사용하는 서식이다.

고 소 장

1. 고소인

성 명 (상호·대표자)		주민등록번호 (법인등록번호)	
주 소 (주사무소 소재지)			
직 업		사무실주소	
전 화	(휴대폰)	(자택)	(사무실)
이메일			

2. 피고소인

성 명		주민등록번호	-
주 소			
직 업		사무실주소	
전 화	(휴대폰)	(자택)	(사무실)
이메일			
기타사항			

* 기타사항에는 고소인과의 관계 및 피고소인의 인적사항과 연락처를 정확히 알 수 없을 경우 피고소인의 성별, 특징적 외모, 인상착의 등을 구체적으로 기재합니다.

3. 고소취지

고소인은 피고소인을 상표권 및 서비스표 무단사용에 따른 상표권 침해죄로 고소하오니 처벌하여 주시기 바랍니다.

4. 범죄사실

피고소인은 고소인과 가맹계약을 체결하여 가맹점을 운영하였던 자입니다. 고소인과 피고소인은 20 년 월 일 자로 가맹계약이 해지되었으나, 현재까지 고소인의 상표권 및 서비스표를 무단사용하고 있습니다.

5. 고소이유

고소인은 가맹계약을 해지하는 내용증명을 보내고 상표 등의 무단사용 행위를 중지할 것을 요청하였으나 피고소인이 이를 무시하고 불법행위를 지속함에 따라 부득이하게 고소를 하게 되었습니다. 철저한 조사를 통해 다시는 상표권의 무단사용 행위가 재발하지 않도록 엄벌에 처해 주시기를 바랍니다.

6. 증거자료

(■ 해당란에 체크하여 주시기 바랍니다)

☐ 고소인은 고소인의 진술 외에 제출할 증거가 없습니다.
■ 고소인은 고소인의 진술 외에 제출할 증거가 있습니다.

7. 관련사건의 수사 및 재판 여부

(■ 해당란에 체크하여 주시기 바랍니다)

① 중복 고소 여부	본 고소장과 같은 내용의 고소장을 다른 검찰청 또는 경찰서에 제출하거나 제출하였던 사실이 있습니다 ☐ / 없습니다 ■
② 관련 형사사건 수사 유무	본 고소장에 기재된 범죄사실과 관련된 사건 또는 공범에 대하여 검찰청이나 경찰서에서 수사 중에 있습니다 ☐ / 수사 중에 있지 않습니다 ■
③ 관련 민사소송 유무	본 고소장에 기재된 범죄사실과 관련된 사건에 대하여 법원에서 민사소송 중에 있습니다 ■ / 민사소송 중에 있지 않습니다 ☐

본 고소장에 기재한 내용은 고소인이 알고 있는 지식과 경험을 바탕으로 모두 사실대로 작성하였으며, 만일 허위사실을 고소하였을 때에는 형법 제156조 무고죄로 처벌받을 것임을 서약합니다.

년   월   일

고소인   (인)

**경찰서 귀중

별지 : 증거자료 세부 목록
(범죄사실 입증을 위해 제출하려는 증거에 대하여 아래 각 증거별로 해당란을 구체적으로 작성해 주시기 바랍니다.)

1. 인적증거(목격자, 기타 참고인 등)

'해당사항 없음'

2. 증거서류(진술서, 차용증, 각서, 금융거래내역서, 진단서 등)

순번	증거	작성자	제출 유무
1	사업자 등록증	고소인	■ 접수 시 제출 □ 수사 중 제출
2	서비스표 등록증	고소인	■ 접수 시 제출 □ 수사 중 제출
3	사진자료	고소인	■ 접수 시 제출 □ 수사 중 제출
4			□ 접수 시 제출 □ 수사 중 제출
5			□ 접수 시 제출 □ 수사 중 제출

가맹사업 궁금한 이야기 6

월간 창업앤프랜차이즈 2017년 11월 기고(일부 수정)

가맹점사업자단체 규정 및 대응

공정거래위원회는 가맹점사업자의 권익을 보호하고 건전한 가맹사업 시장을 조성하기 위한 가맹분야 불공정관행 근절대책을 발표하면서 가맹점사업자단체의 법적지위를 강화하기 위해 가맹점사업자단체 신고제를 도입할 계획이라고 밝혔다. 이에 따라 가맹점사업자단체의 결성 및 활동이 늘어날 것으로 예상되며 가맹본부의 인식 전환이 필요하다.

사례 1.

커피와 주스를 전문으로 하는 가맹점을 운영하는 A 씨는 순이익이 낮아 고민하던 중 가맹본부가 타 프랜차이즈보다 높은 가격으로 가맹점에 원·부재료를 공급하는 것을 알게 되었다. A 씨는 같은 생각을 하는 다른 가맹점사업자들과 가맹점사업자단체를 구성하였고 가맹본부와 대화를 통해 공급 품목의 가격을 낮추는 것으로 협의를 하였다. 그러나 몇 가지 품목의 가격을 소폭 낮추었지만 순이익 향상에는 도움이 되지 못하여 한국공정거래조정원을 통해 분쟁조정 신청을 하였고 조정절차를 거쳐 원·부자재를 종전보다 15%에서 40%까지 낮은 금액으로 공급받게 되었다.

사례 2.

피자 가맹점을 운영하는 B 씨는 가맹본부가 치즈를 시중 도매가격보다 두 배나 되는 가격에 공급하여 이를 개선하고자 가맹본부와 대화를 요청하였으나 가맹본부가 이를 거절하여 다른 가맹점사업자들과 가맹점사업자단체를 결성하였다. 가맹본부는 가맹점사업자들에게 회유와 협박으로 가맹점사업자단체의 활동을 방해하였고, 임원으로 활동하는 가맹점의 경우 가맹점 운영이 어려울 정도로 강압적인 가맹점 점검을 진행하였다. 또한, 가맹점사업자는 계약기간이 10년이 되는 경우 가맹본부가 계약갱신을 거절하여 가맹점이 폐점되는 피해를 보았다. 이에 가맹점사업자단체는 가맹본부를 검찰에 고발하였고 이러한 내용이 언론에 보도되어 해당 프랜차이즈에 대한 이미지가 실추되었다.

위 사례와 같이 가맹점사업자단체를 통해 가맹본부의 불공정한 거래방식을 개선한 경우도 있고 가맹본부가 가맹점사업자단체의 활동을 방해하고 활동하는 가맹점사업자에 대해 계약해지 등 피해를 주어 분쟁이 발생한 경우도 있다.

가맹사업법에 따르면 가맹점사업자는 가맹본부에 대하여 가맹계약의 변경 등 거래조건에 대한 협의를 요청할 수 있으며 요청을 받은 가맹본부는 성실하게 협의에 응할 의무가 있다. 다만, 협의와 관련하여 가맹점사업자단체는 가맹본부의 통일성이나 본질적 사항에 반하는 거래조건을 요구하는 행위, 가맹본부의 경영 등에 부당하게 간섭하는 행위, 부당하게 경쟁을 제한하는 행위 등을 할 수 없도록 정하고 있다.

또한, 가맹본부는 복수의 가맹점사업자단체가 협의를 요청하는 경우 다수의 가맹점사업자로 구성된 가맹점사업자단체와 우선적으로 협의하며, 가맹점사업자단체의 구성·가입·활동 등을 이유로 가맹점사업자에게 불이익을 주는 행위를 하거나 가맹점사업자단체에 가입 또는 가입하지 아니할 것을 조건으로 가맹계약을 체결할 수 없다.

현재 활동 중인 대부분의 가맹점사업자단체는 가맹본부의 불공정거래행위로 결성된 경우가 많다. 그렇기 때문에 가맹점사업자단체가 가맹본부와 대립하는 관계로 유지되고 있지만 앞으로는 가맹점사업자의 공동체 성격으로 결성될 것이므로 가맹본부의 가맹점사업자단체에 대한 인식과 대응에 따라 관계가 결정될 것으로 보인다.

가맹본부는 가맹점사업자단체를 인정하고 가맹점사업자단체에서 활동하는 가맹점사업자에 대해 불이익을 제공하지 않아야 하며, 가맹점사업자단체로부터 협의를 요청받은 경우 성실하게 협의에 응하여야 한다. 이렇게 될 때 가맹점사업자단체는 가맹본부의 힘이 되는 조직된 팬클럽으로 운영할 수 있다.

가맹본부가 가맹점사업자단체와 소통하고 주요 정책에 대해 가맹점사업자의 의견을 반영하면 가맹점사업자가 정책에 적극적으로 참여하는 결과를 끌어내 가맹사업이 활성화되는 계기를 마련할 수 있고, 가맹본부에 대한 불만이 감소하여 분쟁을 예방할 수 있다. 특히, 가맹점사업자단체가 브랜드의 통일성과 이미지 향상을 위해 자발적으로 영업규정을 준수하는 활동을 하여 가맹점 관리업무를 줄이는 효과도 생긴다.

가맹본부는 가맹점사업자단체를 통해 공정하고 투명한 가맹사업을 운영하여 가맹점사업자뿐만 아니라 고객으로부터 사랑받는 성공적인 가맹사업을 운영해야 할 것이다.

> **[가맹사업거래의 공정화에 관한 법률]**
> **제14조의2(가맹점사업자단체의 거래조건 변경 협의 등)**
> ① 가맹점사업자는 권익보호 및 경제적 지위 향상을 도모하기 위하여 단체(이하 "가맹점사업자단체"라 한다)를 구성할 수 있다.
> ② 특정 가맹본부와 가맹계약을 체결·유지하고 있는 가맹점사업자(복수의 영업표지를 보유한 가맹본부와 계약 중인 가맹점사업자의 경우에는 동일한 영업표지를 사용하는 가맹점사업자로 한정한다)로만 구성된 가맹점사업자단체는 그 가맹본부에 대하여 가맹계약의 변경 등 거래조건(이하 이 조에서 "거래조건"이라 한다)에 대한 협의를 요청할 수 있다.
> ③ 제2항에 따른 협의를 요청받은 경우 가맹본부는 성실하게 협의에 응하여야 한다. 다만, 복수의 가맹점사업자단체가 협의를 요청할 경우 가맹본부는 다수의 가맹점사업자로 구성된 가맹점사업자단체와 우선적으로 협의한다.
> ④ 제2항에 따른 협의와 관련하여 가맹점사업자단체는 가맹사업의 통일성이나 본질적 사항에 반하는 거래조건을 요구하는 행위, 가맹본부의 경영 등에 부당하게 간섭하는 행위 또는 부당하게 경쟁을 제한하는 행위를 하여서는 아니 된다.
> ⑤ 가맹본부는 가맹점사업자단체의 구성·가입·활동 등을 이유로 가맹점사업자에게 불이익을 주는 행위를 하거나 가맹점사업자단체에 가입 또는 가입하지 아니할 것을 조건으로 가맹계약을 체결하여서는 아니 된다.

가맹점사업자단체 관련 Q&A

Q. 가맹점이 100곳 이상인 대규모 프랜차이즈는 가맹점사업자단체를 구성해야 된다고 들었습니다. 가맹점사업자단체 구성은 의무 사항인가요?

A. 아니다. 가맹사업법에서는 가맹점사업자단체의 설립이나 구성을 의무사항으로 정하고 있지 않다. 해당 내용인 가맹점이 100곳 이상인 대규모 프랜차이즈의 가맹점사업자단체 구성은 (사)한국프랜차이즈산업협회가 발표한 자정안 내용으로 협회 회원사를 대상으로 권장하는 내용이므로 의무사항이 아니다.

Q. 가맹본부는 가맹점사업자의 가맹점사업자단체 설립을 거부할 수 있나요?

A. 없다. 가맹점사업자는 권익보호 및 경제적 지위 향상을 도모하기 위하여 가맹점사업자단체를 구성할 권리가 있다. 따라서 가맹본부는 가맹점사업자단체의 구성 가입 활동 등을 이유로 가맹점사업자에게 불이익을 주는 행위를 하거나 가맹점사업자단체에 가입 또는 가입하지 아니할 것을 조건으로 가맹계약을 체결하여서는 아니 된다. 이를 위반하는 경우 시정조치 또는 과징금의 처벌을 받을 수 있다.

Q. 가맹점사업자단체가 거래조건에 대한 협의를 요구하면 가맹본부는 협의해야 하나요?

A. 해야 한다. 가맹점사업자단체는 그 가맹본부에 대하여 가맹계약의 변경 등 거래조건에 대한 협의를 요청할 수 있다. 협의를 요청받은 경우 가맹본부는 성실하게 협의에 응하여야 한다. 다만, 복수의 가맹점사업자단체가 협의를 요청할 경우 가맹본부는 다수의 가맹점사업자로 구성된 가맹점사업자단체와 우선적으로 협의한다.

Q. 가맹점사업자단체가 가맹본부에 협의를 요청할 수 없는 내용이 있나요?

A. 있다. 가맹점사업자단체는 가맹사업의 통일성이나 본질적 사항에 반하는 거래조건을 요구하는 행위, 가맹본부의 경영 등에 과도하게 간섭하는 행위 또는 부당하게 경쟁을 제한하는 행위를 할 수 없다.

Q. 가맹본부는 협의 과정에서 가맹점사업자단체의 요구사항을 거부할 수 있나요?

A. 있다. 가맹본부는 가맹점사업자단체의 요청이 있는 경우 거래조건에 대해 협의할 의무는 있으나 요구사항에 대해 합의할 의무는 없다.

7. 광고·판촉행사 동의서

7. 1 가맹사업법에서 정한 광고·판촉행사 규정

가맹사업거래의 공정화에 관한 법률에 따라 가맹본부는 가맹점사업자가 비용의 전부 또는 일부를 부담하는 광고나 판촉행사를 실시하려는 경우 그 비용부담에 관하여, 전체 가맹점사업자 중 법정비율 이상의 사전 동의를 받거나 가맹계약과는 별도로 사전 약정을 체결한 경우 실시할 수 있다.

□ 사전 동의

가맹본부는 광고나 판촉행사를 실시하려는 경우 광고는 전체 가맹점사업자 중 50% 이상, 판촉행사는 전체 가맹점사업자 중 70% 이상 사전 동의를 받은 경우 전체 가맹점사업자에 대해 비용을 부담토록 하여 해당 광고나 판촉행사를 실시할 수 있다. 다만, 판촉행사의 경우 동의비율이 70% 미만이더라도 해당 판촉행사의 비용부담에 동의한 가맹점사업자만을 대상으로 이를 실시할 수 있다. 여기서, 사전 동의는 문서, 전자문서, 이메일, 홈페이지, POS 등 동의시점을 객관적으로 확인할 수 있는 방법으로 받을 수 있다.

□ 사전 약정

가맹본부는 광고나 판촉행사를 실시하려는 경우 특정 가맹점사업자의 비용부담이 필요한 경우나 앞서 사전 동의 절차를 진행했지만 동의비율이 충족되지 않은 경우에는 개별적으로 가맹점사업자와 비용부담에 관한 사전 약정을 체결하여 이를 실시할 수 있다. 다만, 사전 약정은 반드시 가맹계약과는 별도로 체결해야 하고 약정사항에 다음 각 호의 기재사항이 모두 포함되어야 한다.

① 광고나 판촉행사의 명칭 및 실시기간
② 광고나 판촉행사의 소요 비용에 대한 분담 비율 및 분담 한도

□ 적용 예외

가맹점사업자가 스스로 실시하는 광고나 판촉행사, 가맹본부가 비용을 100% 부담함에 따라 가맹점사업자가 비용을 부담하지 않는 광고나 판촉행사 등에 대해서는 사전 동의나 사전 약정 절차가 적용되지 않는다.

□ 작성 방법

본 서식을 참고하여 작성하되 비용분담 비율과 비용분담 한도 등은 이해를 돕기 위해 임의로 작성한 것이므로 구체적인 비용분담 비율은 가맹계약서 및 정보공개서에서 정한 광고비 지급 기준 등에 따라 수정하여 작성하고, 비용분담 한도 등은 가맹본부의 상황에 맞게 작성하면 된다.

□ 관련 법령

가맹사업거래의 공정화에 관한 법률 제12조의6(광고·판촉행사의 실시 및 집행 내역 통보)
① 가맹본부는 가맹점사업자가 비용의 전부 또는 일부를 부담하는 광고나 판촉행사를 실시하려는 경우(가맹본부 및 가맹점사업자가 대통령령으로 정하는 바에 따라 체결한 광고·판촉행사의 약정에 따라 실시하는 경우는 제외한다) 그 비용 부담에 관하여 전체 가맹점사업자 중 대통령령으로 정하는 비율 이상의 가맹점사업자의 동의를 받아야 한다. 다만, 판촉행사의 경우에는 해당 판촉행사의 비용 부담에 동의한 가맹점사업자만을 대상으로 하여 이를 실시할 수 있다.
② 가맹본부는 가맹점사업자가 비용의 전부 또는 일부를 부담하는 광고나 판촉행사를 실시한 경우 그 집행 내역을 가맹점사업자에게 통보하고 가맹점사업자의 요구가 있는 경우 이를 열람할 수 있도록 하여야 한다.

③ 제1항에 따른 가맹점사업자의 동의 및 제2항에 따른 집행 내역 통보·열람의 방법과 절차 등에 관하여 필요한 사항은 대통령령으로 정한다.

가맹사업거래의 공정화에 관한 법률 시행령 제13조의5(광고·판촉행사의 실시 등)

① 가맹본부는 법 제12조의6제1항에 따라 광고·판촉행사의 약정을 체결하지 않고 가맹점사업자가 비용의 전부 또는 일부를 부담하는 광고나 판촉행사를 실시하려는 경우에는 문서, 내용증명우편, 전자우편, 인터넷 홈페이지, 애플리케이션 또는 판매시점 관리 시스템(POS) 등을 통해 동의시점을 객관적으로 확인할 수 있는 방법으로 가맹점사업자의 동의를 받아야 한다.

② 법 제12조의6제1항 본문에서 "대통령령으로 정하는 비율"이란 다음 각 호의 구분에 따른 비율을 말한다.

1. 광고의 경우: 100분의 50
2. 판촉행사의 경우: 100분의 70

③ 가맹본부 및 가맹점사업자가 법 제12조의6제1항 본문에 따른 광고·판촉행사의 약정을 체결하려는 경우에는 가맹계약과 별도로 체결해야 한다.

④ 제3항에 따라 체결하는 광고·판촉행사의 약정에는 다음 각 호의 사항이 모두 포함돼야 한다.

1. 광고나 판촉행사의 명칭 및 실시기간
2. 광고나 판촉행사의 소요 비용에 대한 가맹점사업자의 분담 비율 및 분담 한도

광고·판촉행사 동의서 관련 Q&A

Q : 사전 동의와 사전 약정의 차이가 뭔가요?
A : 사전 동의는 전체 가맹점사업자를 대상으로, 사전 약정은 특정 가맹점사업자를 대상으로 진행한다는 것에 차이가 있습니다.

Q : 사전 동의도 사전 약정과 같이 필수로 포함되어야 하는 기재사항이 있나요?
A : 사전 동의의 경우 법령에서 정한 필수 기재사항은 없지만 사전 약정에 준하도록 작성되어야 바람직하다는 것이 공정위의 입장입니다.

Q :	전체 가맹점사업자 중 70% 이상 사전 동의를 받은 경우 동의하지 않은 가맹점사업자까지 비용을 부담하도록 할 수 있나요?
A :	동의비율이 충족된 경우 동의하지 않은 가맹점사업자도 비용을 부담하고 참여할 의무가 있습니다.
Q :	동의비율을 계산할 때 동의 의사를 밝히지 않고 기권한 가맹점은 어떻게 적용하나요?
A :	동의하지 않은 것으로 적용합니다.
Q :	사전 동의나 사전 약정에 기재된 분담비율이나 분담한도를 초과하여 지급받아도 되나요?
A :	분담한도 등이 변경될 경우에는 변경된 내용으로 사전 동의나 사전 약정을 다시 진행해야 합니다.
Q :	여러 광고나 판촉행사를 한 번에 묶어서 사전 동의나 사전 약정을 진행할 수 있나요?
A :	주기나 시기를 별도로 제한하고 있지 않으므로 여러 광고나 판촉행사를 묶어서 진행할 수 있습니다.
Q :	이미 가맹계약서상에 광고나 판촉비용 부담 관련 내용이 모두 기재되어 있는데도 별도의 사전 동의나 사전 약정이 필요하나요?
A :	가맹계약과는 별도로 가맹점사업자가 비용을 부담하는 광고나 판촉행사를 실시하는 경우 별도의 사전 동의나 사전 약정이 필요합니다.
Q :	가맹본부가 아닌 다른 업체를 통해 가맹점사업자가 비용을 부담하는 광고나 판촉행사를 진행하는 경우에도 사전 동의나 사전 약정이 필요하나요?
A :	다른 업체가 가맹점사업자로부터 비용을 지급받아 광고나 판촉행사를 진행하는 경우도 마찬가지로 가맹본부는 사전 동의나 사전 약정을 진행해야 합니다.

7. 2 광고 실시 비용분담 동의서(50%, 특정금액 비용분담 한도설정)

가맹점사업자의 비용분담을 50%로 하고 전체 가맹점사업자 수에 따른 동일한 광고비 적용 시 사용할 수 있는 동의서이다.

광고 실시 비용분담 동의서

가맹본부는 브랜드의 경쟁력을 제고하고 충성 고객의 확보를 도모하고자 아래와 같이 광고를 실시하고자 하며, 가맹사업거래의 공정화에 관한 법률에 따라 광고 실시 비용분담에 대한 가맹점사업자의 동의 절차를 진행하고자 하오니 상세히 읽어 보시고 동의 여부를 결정해 주시기 바랍니다.

1. 광고 명칭 : 광고모델(○○○)을 활용한 신메뉴 ○○치킨 TV광고 및 유튜브광고

2. 광고 실시기간 :   년   월   일 ~   년   월   일

3. 광고 집행금액 : 110,000,000원(VAT포함)

4. 가맹점사업자는 아래 표와 같은 비용분담 비율 및 비용분담 한도에 해당하는 비용을 분담합니다.

구분	비용분담 비율			비용분담 한도 (VAT포함)
	가맹본부	가맹점사업자		가맹점사업자
		전체	개별	
TV광고 및 유튜브광고	50%	50%	전체 가맹점사업자의 비용분담 비율 50%를 전체 가맹점사업자(N) 수로 나눈 금액(1/N)	880,000원

※ 실시기간, 분담비율, 분담한도는 변경될 수 있으며 변경될 경우에는 별도의 동의 절차를 진행합니다.

5. 가맹점사업자가 부담해야 할 구체적인 분담금액, 분담방법, 지급일정 등은 법정 동의비율(전체 가맹점사업자의 50% 이상)이 충족될 시 별도로 공지할 예정입니다.

위 광고 실시 내용에 대한 동의여부를 가맹본부에 제출합니다.

동의합니다.	동의하지 않습니다.

※ 전체 가맹점사업자의 50% 이상이 동의한 경우에는 동의하지 않은 가맹점사업자도 광고에 참여하여 비용을 분담할 의무가 있으며, 분담 금액을 지급하지 않는 경우 가맹계약이 해지되거나 가맹계약기간이 만료되는 경우 갱신이 거절될 수 있습니다.

년   월   일

가맹점명 :   가맹점사업자명 :   (인)

가맹본부 귀중

7. 3 광고 실시 비용분담 동의서(30%, 매출비중, 매출액 비율 한도설정)

　가맹점사업자의 비용부담을 전체 가맹점의 매출액 대비 개별 가맹점의 매출비중에 따라 적용하고 비용분담 한도를 매출액 기준으로 설정하는 경우 사용할 수 있는 동의서이다.

광고 실시 비용분담 동의서

가맹본부는 브랜드의 경쟁력을 제고하고 충성 고객의 확보를 도모하고자 아래와 같이 광고를 실시하고자 하며, 가맹사업거래의 공정화에 관한 법률에 따라 광고 실시 비용분담에 대한 가맹점사업자의 동의 절차를 진행하고자 하오니 상세히 읽어 보시고 동의 여부를 결정해 주시기 바랍니다.

1. 광고 명칭 : 광고모델(○○○)을 활용한 신메뉴 ○○치킨 TV광고 및 유튜브광고

2. 광고 실시기간 :　　년　　월　　일 ~　　년　　월　　일

3. 광고 집행금액 : 110,000,000원(VAT포함)

4. 가맹점사업자는 표와 같은 비용분담 비율 및 비용분담 한도에 해당하는 비용을 분담합니다.

구분	비용분담 비율			비용분담 한도 (VAT포함)
	가맹본부	가맹점사업자		가맹점사업자
		전체	개별	
TV광고 및 유튜브광고	70%	30%	전체 가맹점사업자의 비용분담 비율 30%를 전체 가맹점의 매출액 대비 개별 가맹점의 매출비중에 따라 적용	가맹점사업자의 연매출액의 2%
※ 실시기간, 분담비율, 분담한도는 변경될 수 있으며 변경될 경우에는 별도의 동의 절차를 진행합니다.				

5. 가맹점사업자가 부담해야 할 구체적인 분담금액, 분담방법, 지급일정 등은 법정 동의비율(전체 가맹점사업자의 50% 이상)이 충족될 시 별도로 공지할 예정입니다.

위 광고 실시 내용에 대한 동의여부를 가맹본부에 제출합니다.

동의합니다.	동의하지 않습니다.

※ 전체 가맹점사업자의 50% 이상이 동의한 경우에는 동의하지 않은 가맹점사업자도 광고에 참여하여 비용을 분담할 의무가 있으며, 분담 금액을 지급하지 않는 경우 가맹계약이 해지되거나 가맹계약기간이 만료되는 경우 갱신이 거절될 수 있습니다.

년   월   일

가맹점명 :   가맹점사업자명 :   (인)

가맹본부 귀중

7. 4 판촉행사 실시 비용분담 동의서(배달앱)

배달앱에서 할인 쿠폰 판촉행사 시 사용할 수 있는 동의서이다.

판촉행사 실시 비용분담 동의서

가맹본부는 브랜드의 경쟁력을 제고하고 충성 고객의 확보를 도모하고자 아래와 같이 판촉행사를 실시하고자 하며, 가맹사업거래의 공정화에 관한 법률에 따라 판촉행사 실시 비용분담에 대한 가맹점사업자의 동의 절차를 진행하고자 하오니 상세히 읽어 보시고 동의 여부를 결정해 주시기 바랍니다.

1. 판촉행사 명칭 : 배달앱(배달의민족/쿠팡이츠/요기요/자사앱 등) 배달/포장 할인쿠폰 지급 이벤트

2. 판촉행사 실시기간 :   년   월   일 ~   년   월   일

3. 가맹점사업자는 아래 표와 같은 비용분담 비율 및 비용분담 한도에 해당하는 비용을 분담합니다.

구분	비용분담 비율		비용분담 한도 (VAT포함)
	가맹본부	가맹점사업자	가맹점사업자
15,000원 이상 주문 시 3,000원 할인쿠폰 지급	50%	50%	1,500원
20,000원 이상 주문 시 4,000원 할인쿠폰 지급	50%	50%	2,000원
30,000원 이상 주문 시 5,000원 할인쿠폰 지급	50%	50%	2,500원

※ 실시기간, 분담비율, 분담한도는 변경될 수 있으며 변경될 경우에는 별도의 동의 절차를 진행합니다.

4. 고객이 해당 채널에서 지급받은 할인쿠폰으로 상품을 주문하는 경우 할인금액 중 가맹본부의 분담액은 월 단위로 정산되어 해당 월의 익월 5일까지 가맹점사업자의 계좌로 지급됩니다.

5. 할인쿠폰 행사에 참여하지 않는 경우 가맹계약이 해지되거나 가맹계약기간이 만료되는 경우 갱신이 거절될 수 있습니다.

위 판촉행사 실시 내용에 대한 동의여부를 가맹본부에 제출합니다.

동의합니다.	동의하지 않습니다.

※ 전체 가맹점사업자의 70% 이상이 동의한 경우에는 동의하지 않은 가맹점사업자도 판촉행사에 참여하여 비용을 분담할 의무가 있으며, 동의 비율이 70% 미만인 경우에는 동의한 가맹점사업자만을 대상으로 판촉행사가 실시될 수 있습니다.

년   월   일

가맹점명 :   가맹점사업자명 :   (인)

가맹본부 귀중

7. 5 판촉행사 실시 비용분담 동의서(E쿠폰)

모바일상품권 등 E쿠폰 결제를 취급하는 판촉행사에 대한 동의서이다.

판촉행사 실시 비용분담 동의서

가맹본부는 브랜드의 경쟁력을 제고하고 충성 고객의 확보를 도모하고자 아래와 같이 판촉행사를 실시하고자 하며, 가맹사업거래의 공정화에 관한 법률에 따라 판촉행사 실시 비용분담에 대한 가맹점사업자의 동의 절차를 진행하고자 하오니 상세히 읽어 보시고 동의 여부를 결정해 주시기 바랍니다.

1. 판촉행사 명칭 : 모바일상품권 등 E쿠폰 결제 취급

2. 판촉행사 실시기간 : 가맹계약기간(갱신계약기간 포함) 중

3. 가맹점사업자는 아래 표와 같은 비용분담 비율 및 비용분담 한도에 해당하는 비용을 분담합니다.

구분	비용분담 비율		비용분담 한도(VAT포함)
	가맹본부	가맹점사업자	가맹점사업자
모바일상품권/기프티콘/카카오톡선물하기 등 E쿠폰 결제 취급	수수료 50%	수수료 50%	E쿠폰 금액의 5.5%
※ 실시기간, 분담비율, 분담한도는 변경될 수 있으며 변경될 경우에는 별도의 동의 절차를 진행합니다.			

4. 고객이 모바일상품권/기프티콘/카카오톡선물하기 등 E쿠폰으로 결제하는 경우 정상가액에서 공제되는 수수료 중 50%인 가맹본부의 분담액은 월 단위로 정산되어 해당 월의 익월 5일까지 가맹점사업자의 계좌로 지급됩니다.

5. E쿠폰 결제를 취급하지 않는 경우 가맹계약이 해지되거나 가맹계약기간이 만료되는 경우 갱신이 거절될 수 있습니다.

위 판촉행사 실시 내용에 대한 동의여부를 가맹본부에 제출합니다.

동의합니다.	동의하지 않습니다.

※ 전체 가맹점사업자의 70% 이상이 동의한 경우에는 동의하지 않은 가맹점사업자도 판촉행사에 참여하여 비용을 분담할 의무가 있으며, 동의 비율이 70% 미만인 경우에는 동의한 가맹점사업자만을 대상으로 판촉행사가 실시됩니다.

년 월 일

가맹점명 :   가맹점사업자명 :   (인)

가맹본부 귀중

7. 6 광고 실시 비용분담 약정서

특정 가맹점사업자를 대상으로 광고를 진행하는 경우 사용하는 약정서이다.

광고 실시 비용분담 약정서

가맹본부와 가맹점사업자는 브랜드의 경쟁력을 제고하고 충성 고객의 확보를 도모하고자 가맹사업거래의 공정화에 관한 법률에 따라 다음과 같이 광고 실시 비용분담에 대한 사전 약정을 가맹계약과는 별도로 체결합니다.

1. 광고 명칭 : 202*년 77번 마을버스 외부 광고

2. 광고 실시기간 :   년   월   일 ~   년   월   일

3. 광고 집행금액 : 20,000,000원(VAT포함)

4. 가맹점사업자는 아래 표와 같은 비용분담 비율 및 비용분담 한도에 해당하는 비용을 분담합니다.

구분	비용분담 비율		비용분담 한도 (VAT포함)
	가맹본부	가맹점사업자	가맹점사업자
202*년 77번 마을버스 외부 광고	50%	50%	10,000,000원
※ 실시기간, 분담비율, 분담한도는 변경될 수 있으며 변경될 경우에는 별도의 약정을 진행합니다.			

5. 가맹점사업자의 분담금액은 10,000,000원이며 1월부터 10월까지 매월 말일에 1,000,000원을 가맹본부에 지급하여야 합니다.

6. 분담 금액을 지급하지 않는 경우 가맹계약이 해지되거나 가맹계약기간이 만료되는 경우 갱신이 거절될 수 있습니다.

가맹본부와 가맹점사업자는 본 약정서를 2부 작성하여 각 1부씩 보관하기로 합니다.

년   월   일

가맹본부 　　　　　　　　　　　**가맹점사업자**
회 사 명 : 　　　　　　　　　　　　가맹점명 :
대표이사 :　　　　　 (인)　　　　　성　 명 :　　　　　　(인)

7. 7 판촉행사 실시 비용분담 약정서

특정 가맹점사업자를 대상으로 판촉행사를 진행하는 경우 사용하는 약정서이다.

판촉행사 실시 비용분담 약정서

가맹본부와 가맹점사업자는 브랜드의 경쟁력을 제고하고 충성 고객의 확보를 도모하고자 가맹사업거래의 공정화에 관한 법률에 따라 다음과 같이 판촉행사 실시 비용분담에 대한 사전 약정을 가맹계약과는 별도로 체결합니다.

1. 판촉행사 명칭 : 개업 10주년 기념 10만 원 이상 구매고객 대상 기념품 증정

2. 판촉행사 실시기간 :   년   월   일 ~   년   월   일

3. 가맹점사업자는 표와 같은 비용분담 비율 및 비용분담 한도에 해당하는 비용을 분담합니다.

구분	비용분담 비율		비용분담 한도 (VAT포함)
	가맹본부	가맹점사업자	가맹점사업자
현수막 및 포스터 제작	100%	-	-
기념품제작 (2,000개)	50%	50%	5,000,000원
※ 실시기간, 분담비율, 분담한도는 변경될 수 있으며 변경될 경우에는 별도의 약정을 진행합니다.			

4. 판촉행사에 필요한 현수막과 포스터는 가맹본부의 비용으로 제작하고, 가맹점사업자는 기념품 제작비용 중 50%인 5,000,000원을 *월 *일까지 가맹본부에 지급하기로 합니다.

가맹본부와 가맹점사업자는 본 약정서를 2부 작성하여 각 1부씩 보관하기로 합니다.

년 월 일

가맹본부   **가맹점사업자**

회 사 명 :   가맹점명 :

대표이사 :   (인)   성 명 :   (인)

7. 8 매월 광고비 지급 약정서

가맹점사업자로부터 매월 광고비를 받는 것으로 약정하는 경우 사용하는 약정서이다.

매월 광고비 지급 약정서

가맹본부와 가맹점사업자는 브랜드의 경쟁력을 제고하고 충성 고객의 확보를 도모하고자 가맹사업거래의 공정화에 관한 법률에 따라 다음과 같이 월 광고비 지급에 대한 사전 약정을 가맹계약과는 별도로 체결합니다.

1. 광고 명칭 : 브랜드 관련 광고 일체
 * TV광고, 홈쇼핑광고, PPL광고, 유튜브광고, 인스타그램광고, 신문광고, 인터넷광고, 모바일광고, 지면광고, 스포츠광고, 지역광고, 옥외광고, 라이브방송 등

2. 광고 실시기간 : 가맹계약기간(갱신계약기간 포함) 중 수시 및 단기적으로 실시

3. 가맹점사업자는 아래 표와 같은 비용분담 비율 및 비용분담 한도에 해당하는 비용을 분담합니다.

구분	비용분담 비율			비용분담 한도 (VAT포함)
	가맹본부	가맹점사업자		가맹점사업자
		전체	개별	
브랜드 관련 광고 일체	20%	80%	가맹점의 매월 월매출액의 1.1%	매월 월매출액의 1.1%

※ 실시기간, 분담비율, 분담한도는 변경될 수 있으며 변경될 경우에는 별도의 약정을 진행합니다.

4. 가맹점사업자는 약정에 따라 가맹계약기간(갱신계약기간 포함) 동안 매월 월매출액의 1.1%(VAT포함)에 해당하는 광고비를 가맹본부에게 지급하는 데 동의합니다.

5. 가맹본부는 약정을 체결한 날이 속한 달의 익월부터 매월 5일 광고비를 가맹점사업자의 CMS계좌를 통해 출금할 수 있으며 가맹점사업자는 가맹본부의 CMS 출금에 동의합니다.

6. 광고비는 반환되지 않으며 가맹점사업자가 광고비를 지급하지 않는 경우 가맹계약이 해지되거나 가맹계약기간이 만료되는 경우 갱신이 거절될 수 있습니다.

가맹본부와 가맹점사업자는 본 약정서를 2부 작성하여 각 1부씩 보관하기로 합니다.

년   월   일

가맹본부   **가맹점사업자**
회 사 명 :   가맹점명 :
대표이사 :   (인)   성   명 :   (인)

7. 9 개점마케팅비 지급 약정서

　가맹점사업자와 가맹점의 개점마케팅을 진행하기로 하고 개점마케팅비를 받는 약정을 체결하는 경우 사용하는 약정서이다.

개점마케팅비 지급 약정서

가맹본부와 가맹점사업자는 가맹점의 성공적인 개점을 위하여 가맹사업거래의 공정화에 관한 법률에 따라 다음과 같이 개점마케팅비 지급에 대한 사전 약정을 가맹계약과는 별도로 체결합니다.

1. 개점마케팅 명칭 : 가맹점 개점마케팅(네이버블로그, 인스타그램 체험단 등)

2. 개점마케팅 실시기간 : 가맹점 오픈일부터 2개월 이내

3. 가맹점사업자는 표와 같은 비용분담 비율 및 비용분담 한도에 해당하는 비용을 분담합니다.

구분	비용분담 비율		비용분담 한도(VAT포함)
	가맹본부	가맹점사업자	가맹점사업자
가맹점 개점마케팅	0%	100%	2,200,000원

4. 가맹점사업자는 약정에 따라 개점마케팅비 2,200,000원(VAT포함)을 약정체결일에 가맹본부에 지급(가맹점 오픈 전인 경우에는 예치계좌로 개점마케팅비 예치)하는 데 동의합니다.

가맹본부와 가맹점사업자는 본 약정서를 2부 작성하여 각 1부씩 보관하기로 합니다.

년　월　일

가맹본부   **가맹점사업자**
회 사 명 :   가맹점명 :
대표이사 :   (인)   성   명 :   (인)

7. 10 광고·판촉행사 관련 집행 내역 통보 의무 규정

☐ 개요

가맹사업거래의 공정화에 관한 법률에 따라 가맹본부는 가맹점사업자가 비용의 전부 또는 일부를 부담하는 광고나 판촉행사를 실시한 경우 매 사업연도 종료 후 3개월 이내에 가맹점사업자에게 그 집행 내역을 통보해야 한다.

☐ 통보 사항

가맹본부는 광고 및 판촉행사 집행 내역에 다음 각 호의 기재사항을 모두 포함하여 통보하여야 한다.

1. 직전 사업연도에 실시한 광고나 판촉행사(직전 사업연도에 일부라도 비용이 집행된 경우를 포함)별 명칭, 내용 및 실시기간
2. 직전 사업연도에 광고나 판촉행사를 위하여 전체 가맹점사업자로부터 지급받은 금액
3. 직전 사업연도에 실시한 광고나 판촉행사별로 집행한 비용 및 가맹점사업자가 부담한 총액

☐ 통보 방법

가맹본부는 광고 및 판촉행사 집행 내역을 다음 각 호의 방법으로 제공하여야 한다.

1. 직접 전달하는 방법. 이 경우 다음 각 목의 모든 사항을 적은 서면을 작성(가목부터 다목까지의 사항은 가맹점사업자가 자필로 작성)하여 가맹점사업자에게 주어야 한다.
가. 집행 내역을 제공받았다는 사실, 제공받은 일시 및 장소
나. 가맹점사업자의 성명·주소 및 전화번호
다. 가맹점사업자의 서명 또는 기명날인

라. 가맹본부의 서명 또는 기명날인

2. 내용증명우편으로 제공하는 방법.

3. 정보통신망을 이용하여 집행 내역을 게시한 후 게시사실을 가맹점사업자에게 알리는 방법.

4. 전자우편, 문자메시지 또는 이동통신단말장치에서 사용되는 애플리케이션을 이용하여 가맹점사업자에게 정보공개서의 내용이 포함된 전자적 파일을 보내는 방법. 이 경우 가맹본부는 전자적 파일의 발송시간과 수신시간의 확인이 가능한 방법으로 해야 한다.

☐ 열람 의무

가맹본부는 가맹점사업자가 집행 내역의 열람을 요구하는 경우 열람의 일시 및 장소를 정하여 해당 자료(영수증, 입금내역, 기타 자료)를 열람할 수 있도록 하여야 한다.

☐ 관련 법령

가맹사업거래의 공정화에 관한 법률 제12조의6(광고·판촉행사의 실시 및 집행 내역 통보)
② 가맹본부는 가맹점사업자가 비용의 전부 또는 일부를 부담하는 광고나 판촉행사를 실시한 경우 그 집행 내역을 가맹점사업자에게 통보하고 가맹점사업자의 요구가 있는 경우 이를 열람할 수 있도록 하여야 한다.
③ 제1항에 따른 가맹점사업자의 동의 및 제2항에 따른 집행 내역 통보·열람의 방법과 절차 등에 관하여 필요한 사항은 대통령령으로 정한다.

가맹사업거래의 공정화에 관한 법률 시행령 제13조의6(광고·판촉행사 관련 집행 내역 통보 절차 등)
① 가맹본부는 법 제12조의6제2항에 따라 매 사업연도 종료 후 3개월 이내에 가맹점사업자에게 다음 각 호의 사항을 통보하여야 한다.

1. 해당 사업연도에 실시한 광고나 판촉행사(해당 사업연도에 일부라도 비용이 집행된 경우를 포함한다. 이하 같다)별 명칭, 내용 및 실시기간
2. 해당 사업연도에 광고나 판촉행사를 위하여 전체 가맹점사업자로부터 지급받은 금액
3. 해당 사업연도에 실시한 광고나 판촉행사별로 집행한 비용 및 가맹점사업자가 부담한 총액

② 가맹본부가 가맹점사업자에게 제1항에 따른 통보를 하는 경우에는 제6조제1항 각 호의 어느 하나에 해당하는 방법을 준용한다. 다만, 제6조제1항제3호 후단은 준용하지 아니한다.

③ 가맹본부는 법 제12조의6제2항에 따라 가맹점사업자가 집행 내역의 열람을 요구하는 경우 열람의 일시 및 장소를 정하여 해당 자료를 열람할 수 있도록 해야 한다.

7. 11 광고·판촉행사 관련 집행 내역 통보

가맹본부가 직전 사업연도에 사용한 광고·판촉행사 관련 집행 내역을 가맹점사업자에게 통보할 때 사용하는 문서이다.

광고·판촉행사 관련 집행 내역 통보

가맹본부는 가맹사업거래의 공정화에 관한 법률 제12조의6 및 동법 시행령 제13조의6에 따라 직전 사업연도에 가맹점사업자가 광고나 판촉행사 비용의 전부 또는 일부를 부담하는 광고나 판촉행사를 실시한 경우 그 집행한 세부내역을 가맹점사업자에게 매 사업연도 종료 후 3개월 이내에 통보해야 할 의무가 있음에 따라 202*년 1월 1일부터 12월 31일까지 실시한 광고 및 판촉행사 결과를 아래와 같이 통보합니다.

- 아　래 -

1. 가맹본부가　　년에 광고 및 판촉행사를 위해 전체 가맹점사업자로부터 지급받은 금액은 4,600,000원입니다.

2. 202*년에 실시한 광고 및 판촉행사의 집행 내역은 아래와 같습니다.

(단위: 원)

명칭	내용	실시기간	집행 비용	가맹점사업자 지급금액	비고
어린이날 판촉	어린이날 판촉 라디오홍보	5월 1일~5월 8일	8,000,000	1,600,000	
드라마PPL	○○○PPL 협찬	12월 1일~12월 30일	10,000,000	2,000,000	
크리스마스 판촉	크리스마스 사은품 이벤트	12월 25일	5,000,000	1,000,000	
합계			23,000,000	4,600,000	

3. 가맹본부에 방문하시면 영수증 등 광고 및 판촉행사와 관련한 정확한 집행 내역을 확인할 수 있습니다.

년　월　일

가맹본부　　　　(인)

가맹사업 궁금한 이야기 7

월간 창업앤프랜차이즈 2017년 12월 기고

점포 리뉴얼 시 가맹본부의 비용 부담

아직도 많은 가맹본부가 가맹점의 점포 리뉴얼 시 가맹본부가 리뉴얼 비용 일부를 부담해야 한다는 가맹사업법 규정을 모르고 있는 경우가 많아 관련된 사례와 규정을 확인하여 법 위반을 하지 않도록 주의해야 한다. 가맹사업법에서 정의하는 점포환경개선을 통상적으로 점포 리뉴얼이라 지칭하고 있다.

사례 1.

떡볶이를 전문으로 하는 A가맹본부는 가맹계약을 갱신하는 과정에서 가맹점사업자에게 계약갱신의 조건으로 점포 리뉴얼 공사를 하도록 권유하였고, 이에 28명의 가맹점사업자들이 점포 리뉴얼 공사를 하였다. 가맹사업법에서는 가맹점사업자가 가맹본부의 권유로 점포환경개선을 할 경우 리뉴얼 비용의 20%를 가맹본부가 부담하도록 규정하고 있지만 A가맹본부는 약 5.2%만을 가맹점사업자에게 지급하였고 공정거래위원회의 조사가 시작되자 가맹점사업자에게 미지급한 점포 리뉴얼 비용을 전부 지급하였다. 공정거래위원회는 A가맹본부에게 법 위반에 대한 조치로 시정명령과 과징금 1,900만원을 부과했다.

사례 2.

치킨을 전문으로 하는 B가맹본부는 공정거래위원회 조사 과정에서 가맹점사업자에게 점포 환경개선(리뉴얼) 비용의 40%를 지급해야 함에도, 그 절반인 20%만 지급한 사실이 확인되어 가맹사업법 위반에 대한 조치로 경고 조치를 받았다.

앞의 사례처럼 가맹본부가 가맹점사업자의 인테리어 등 점포에 대해서 리뉴얼을 강요하여 가맹점사업자가 피해를 보고, 가맹본부도 법 위반을 하는 경우가 많다. 이를 예방하고자 가맹사업법에서는 가맹본부가 정당한 사유 없이 가맹점사업자에게 가맹점의 점포환경개선을 강요할 수 없도록 규정하고 있다. 다음에서는 가맹사업법상의 점포환경개선과 관련된 규정과 실무에서의 적용 부분에 대한 내용을 알아보겠다.

가맹사업법 제2조 제11호에서 "점포환경개선이란 가맹점 점포의 기존 시설, 장비, 인테리어 등을 새로운 디자인이나 품질의 것으로 교체하거나 신규로 설치하는 것을 말한다. 이 경우 점포의 확장 또는 이전을 수반하거나 수반하지 아니하는 경우를 모두 포함한다."라고 정의하고 있다.

가맹사업법 제12조의2 제1항에서 "가맹본부는 대통령령으로 정하는 정당한 사유 없이 점포환경개선을 강요하여서는 아니 된다."라고 규정하고 있으므로 원칙적으로 가맹사업법에서는 가맹본부의 점포환경개선 강요행위를 금지하고 있다. 다만, 예외적으로 가맹사업법 시행령 제13조의2 제1항에서 점포환경개선과 관련된 정당한 사유 두 가지를 정하고 있다.

하나는 점포의 시설, 장비, 인테리어 등의 노후화가 객관적으로 인정되는 경우이며 다른 하나는 위생 또는 안전의 결함이나 이에 따르는 사유로 인하여 가맹사업의 통일성을 유지하기 어렵거나 정상적인 영업에 현저히 지장을 주는 경우이다. 따라서, 가맹본부는 노후화가 객관적으로 인정되는 경우나 위생 또는 안전의 결함이 있는 경우에 한하여 가맹점사업자에게 점포환경개선을 요구할 수 있다.

가맹사업법 제12조의2 제2항에서 "가맹본부는 가맹점사업자의 점포환경개선에 소요되는 비용으로서 대통령령으로 정하는 비용의 100분의 40 이내의 범위에서 대통령령으로 정하는 비율에 해당하는 금액을 부담하여야 한다."라고 규정하고 있다. 또한, 가맹본부가 부담하는 비용과 관련해서는 같은 법 시행령 제13조의2 제3항에서 다음과 같이 규정하고 있다.
1. 점포의 확장 또는 이전을 수반하지 아니하는 경우 점포환경개선 비용의 20% 부담
2. 점포의 확장 또는 이전을 수반하는 경우 점포환경개선 비용의 40%를 부담

가맹사업법 제12조의2 제2항 단서 규정에서 가맹본부가 비용을 부담하지 않는 예외적 사유로 가맹본부의 권유 또는 요구가 없음에도 가맹점사업자의 자발적 의사에 의한 경우와 가맹점사업자의 귀책사유로 인하여 위생 안전 및 이와 유사한 문제가 발생하여 불가피하게 점포환경개선을 하는 경우로 정하고 있다.

가맹점의 인테리어, 시설, 간판 등을 개선하는 경우 가맹점과 가맹본부의 매출액이 증가하고 이용하는 고객의 만족도가 상승되어 브랜드 이미지까지 향상되는 효과가 있어 많은 가맹본부가 점포 리뉴얼을 정기적으로 진행하고 있다.

점포 리뉴얼로 매출액이 증가하면 가맹점사업자와 가맹본부 모두에게 이익이 발생하지만, 리뉴얼에 필요한 비용을 가맹점사업자가 전부 부담하는 것은 가맹점사업자 입장에서는 부담이 될 수 있다. 또한, 계약 갱신 조건으로 가맹점사업자에게 점포 리뉴얼을 강요하는 경우 불공정거래행위가 될 수 있어 이러한 문제를 명확하게 규정하고자 가맹사업법이 개정되어 2014년 2월 14일부터 시행되고 있다.

가맹본부는 앞에서 설명한 가맹사업법 규정에 따라 가맹점의 노후화나 위생 또는 안전의 결함이 있는 경우에 한하여 점포 리뉴얼을 가맹점사업자에게 요구해야 하며, 점포 리뉴얼에 발생한 비용의 20~40%를 가맹본부가 부담하여야 한다.

가맹본부는 가맹점사업자가 가맹본부의 권유 또는 요구 없이 자발적으로 점포 리뉴얼을 진행하는 경우 향후 분쟁을 예방하기 위하여 점포 리뉴얼이 가맹점사업자의 자발적인 의사에 의해 진행된 것이라는 것을 증빙할 수 있는 확인서를 작성하여 보관할 필요가 있다.

또한, 슈퍼바이저가 가맹점의 경영지도 과정에서 해당 가맹점의 점포 리뉴얼을 권유하는 점검표를 작성한 경우 가맹본부가 점포 리뉴얼을 권유한 것으로 볼 수 있으므로 이 경우에도 가맹본부가 그 비용의 20~40%를 부담해야 할 가능성이 있다. 그러므로 가맹본부에서는 가맹본부의 점포환경개선에 대한 정책을 슈퍼바이저가 명확하게 인지하고 가맹점을 관리할 수 있도록 이에 대한 교육과 점검이 필요할 것으로 보인다.

[가맹사업거래의 공정화에 관한 법률]

제12조의2(부당한 점포환경개선 강요 금지 등)

① 가맹본부는 대통령령으로 정하는 정당한 사유 없이 점포환경개선을 강요하여서는 아니 된다.

② 가맹본부는 가맹점사업자의 점포환경개선에 소요되는 비용으로서 대통령령으로 정하는 비용의 100분의 40 이내의 범위에서 대통령령으로 정하는 비율에 해당하는 금액을 부담하여야 한다. 다만, 다음 각 호의 어느 하나에 해당하는 경우에는 그러하지 아니하다.

1. 가맹본부의 권유 또는 요구가 없음에도 가맹점사업자의 자발적 의사에 의하여 점포환경개선을 실시하는 경우
2. 가맹점사업자의 귀책사유로 인하여 위생·안전 및 이와 유사한 문제가 발생하여 불가피하게 점포환경개선을 하는 경우

③ 제2항에 따라 가맹본부가 부담할 비용의 산정, 청구 및 지급절차, 그 밖에 필요한 사항은 대통령령으로 정한다.

[가맹사업거래의 공정화에 관한 법률 시행령]

제13조의2(점포환경개선 비용부담의 범위 및 절차 등)

① 법 제12조의2제1항에서 "대통령령으로 정하는 정당한 사유"란 다음 각 호의 어느 하나에 해당하는 경우를 말한다.

1. 점포의 시설, 장비, 인테리어 등의 노후화가 객관적으로 인정되는 경우
2. 위생 또는 안전의 결함이나 이에 준하는 사유로 인하여 가맹사업의 통일성을 유지하기 어렵거나 정상적인 영업에 현저한 지장을 주는 경우

② 법 제12조의2제2항 각 호 외의 부분 본문에서 "대통령령으로 정하는 비용"이란 다음 각 호의 비용을 말한다.

1. 간판 교체비용
2. 인테리어 공사비용(장비·집기의 교체비용을 제외한 실내건축공사에 소요되는 일체의 비용을 말한다). 다만, 가맹사업의 통일성과 관계 없이 가맹점사업자가 추가 공사를 함에 따라 드는 비용은 제외한다.

③ 법 제12조의2제2항 각 호 외의 부분 본문에서 "대통령령으로 정하는 비율"이란 다음 각 호의 구분에 따른 비율을 말한다.

1. 점포의 확장 또는 이전을 수반하지 아니하는 점포환경개선의 경우: 100분의 20

2. 점포의 확장 또는 이전을 수반하는 점포환경개선의 경우: 100분의 40

④ 가맹점사업자는 법 제12조의2제2항 각 호 외의 부분 본문에 따른 금액(이하 "가맹본부부담액"이라 한다)의 지급을 청구하려면 가맹본부에 공사계약서 등 공사비용을 증명할 수 있는 서류를 제출하여야 한다.

⑤ 가맹본부는 제4항에 따른 지급청구일부터 90일 이내에 가맹본부부담액을 가맹점사업자에게 지급하여야 한다. 다만, 가맹본부와 가맹점사업자 간에 별도의 합의가 있는 경우에는 1년의 범위에서 가맹본부부담액을 분할하여 지급할 수 있다.

⑥ 가맹본부는 제4항 및 제5항 본문에도 불구하고 가맹점사업자가 가맹본부 또는 가맹본부가 지정한 자를 통하여 점포환경개선을 한 경우에는 점포환경개선이 끝난 날부터 90일 이내에 가맹본부부담액을 가맹점사업자에게 지급하여야 한다.

⑦ 가맹본부는 점포환경개선이 끝난 날부터 3년 이내에 가맹본부의 책임 없는 사유로 계약이 종료(계약의 해지 또는 영업양도를 포함한다)되는 경우에는 가맹본부부담액 중 나머지 기간에 비례하는 부담액은 지급하지 아니하거나 이미 지급한 경우에는 환수할 수 있다.

8. 예상매출액 산정서

8. 1 가맹사업법에서 정한 예상매출액 산정서 규정

☐ 작성의무

　가맹사업거래의 공정화에 관한 법률 및 시행령에 따라 직전 사업연도 말 기준으로 가맹본부와 계약을 체결·유지하고 있는 가맹점이 100개 이상이거나 중소기업자(중소기업기본법 제2조제1항 또는 제3항에 따른 자)가 아닌 가맹본부는 가맹희망자와 가맹계약을 체결할 때 예상매출액 산정서를 제공할 의무가 있다.

☐ 작성방법

1. 가맹희망자의 점포예정지가 속한 광역자치단체에 직전 사업연도의 영업기간이 6개월 이상인 가맹점이 5개 이상인 경우(→ 인근가맹점 매출액을 활용한 방식)

점포예정지가 속한 광역자치단체에 소재하면서 점포예정지에서 가장 인접한 직전 사업연도의 영업기간이 6개월 이상인 5개 가맹점 중 직전 사업연도 매출환산액이 가장 작은 가맹점과 가장 큰 가맹점을 제외한 나머지 3개 가맹점을 기준으로 최고액과 최저액을 산출하여 작성한다.

2. 가맹희망자의 점포예정지가 속한 광역자치단체에 직전 사업연도의 영업기간이 6개월 이상인 가맹점이 5개 미만인 경우(→ 가맹본부 예측에 의한 방식)

　① 객관적 근거를 통해 예상매출액 범위를 산출하여야 하며, 객관적 근거가 없이 산출한 경우 허위·과장된 정보 제공행위에 해당될 수 있다.

② 예상매출액 범위는 최고액과 최저액의 차이가 1.7배를 초과하지 않는 범위에서 작성하여야 한다.

□ 보관의무

예상매출액 산정서는 2부 작성하여 가맹본부와 가맹희망자가 날인 후 각각 1부씩 보관한다. 또한, 가맹본부는 예상매출액 산정서를 가맹계약 체결일로부터 5년간 보관하여야 한다. 가맹본부가 보관하지 않거나 제공하지 않은 경우 1천만원 이하의 과태료가 부과될 수 있다.

□ 중요사항

가맹본부는 가맹희망자에게 제공한 예상매출액 산정서가 객관적 근거가 없이 산출하여 작성된 경우 허위·과장된 정보제공으로 시정명령, 과징금, 5년 이하의 징역 또는 3억원 이하의 벌금, 징벌적 손해배상, 가맹금(최초가맹금, 시설투자금 등) 반환 등의 책임을 질 수 있으니 근거자료 및 법에서 정한 규정에 따라 정확하게 작성하여야 한다.

□ 관련법령

가맹사업거래의 공정화에 관한 법률 제9조(허위·과장된 정보제공 등의 금지)
⑤ 제3항에도 불구하고 다음 각 호의 어느 하나에 해당하는 가맹본부는 가맹계약을 체결할 때 가맹희망자에게 대통령령으로 정하는 예상매출액의 범위 및 그 산출 근거를 서면(이하 "예상매출액 산정서"라 한다)으로 제공하여야 한다.
1. 중소기업자(「중소기업기본법」제2조제1항 또는 제3항에 따른 자를 말한다)가 아닌 가맹본부
2. 직전 사업연도 말 기준으로 가맹본부와 계약을 체결·유지하고 있는 가맹점사업자(가맹본부가 복수의 영업표지를 보유하고 있는 경우에는 동일 영업표지를 사용하는 가맹점사업자에 한정한다)의 수가 대통령령으로 정하는 수 이상인 가맹본부
⑥ 가맹본부는 예상매출액 산정서를 가맹계약 체결일부터 5년간 보관하여야 한다.

> **가맹사업거래의 공정화에 관한 법률 시행령 제9조(예상수익상황에 대한 정보제공 등)**
>
> ③ 법 제9조제5항 각 호 외의 부분에서 "대통령령으로 정하는 예상매출액의 범위"란 가맹희망자의 점포 예정지에서 영업개시일부터 1년간 발생할 것으로 예상되는 매출액의 최저액과 최고액으로 획정된 범위를 말한다. 이 경우 그 매출액의 최고액은 그 매출액의 최저액의 1.7배를 초과해서는 아니 된다.
>
> ④ 제3항에도 불구하고 가맹희망자의 점포 예정지가 속한 해당 특별시·광역시·특별자치시·도·특별자치도(이하 "시·도"라 한다)에 해당 가맹본부의 가맹점(직전 사업연도의 영업기간이 6개월 이상인 가맹점으로 한정한다. 이하 이 항에서 같다)이 5개 이상 있는 경우에는 그 점포 예정지에서 가장 인접한 가맹점 5개 중 별표 1의3에 따른 직전 사업연도 매출환산액이 가장 작은 가맹점과 가장 큰 가맹점을 제외한 나머지 3개 가맹점의 같은 표에 따른 직전 사업연도 매출환산액 중 최저액과 최고액으로 획정된 범위로 제3항에 따른 범위를 갈음할 수 있다.
>
> ⑤ 법 제9조제5항제2호에서 "대통령령으로 정하는 수"란 100개를 말한다.

예상매출액 산정서 관련 Q&A

Q. 가맹희망자의 예상매출액을 구두로만 제공해도 되나요?

A. 가맹사업법 제9조 제3항에서는 가맹본부가 가맹희망자의 예상매출액·수익·매출총이익·순이익 등 장래의 예상수익상황에 관한 정보를 제공하거나 가맹점사업자의 매출액·수익매출총이익·순이익 등 과거의 수익 상황이나 장래의 예상수익상황에 관한 정보를 제공하는 경우 반드시 서면으로 제공하도록 정하고 있다. 따라서 예상매출액이나 수익액 등의 정보는 꼭 서면으로 제공하여야 한다. 구두로만 제공하는 경우 법 위반이므로 주의해야 한다.

또한, 가맹사업법에서는 예상수익 상황에 대한 정보를 제공하는 경우 현재수익 또는 예상수익의 산출에 사용된 사실적인 근거와 예측에 관한 자료와 산출근거가 되는 가맹사업의 점포의 수와 비율, 최근의 일정기간 동안에 가맹본부가 표시 또는 설명하는 현재수익 또는 예상수익과 같은 수준의 수익을 올리는 가맹점사업자의 수와 그 비율에 관한 자료를 가맹본부에 비치해야 하고 가맹희망자나 가맹점사업자가 요구하는 경우 그 자료를 열람할 수 있도록 정하고 있다.

Q. 가맹본부는 예상매출액을 서면으로 제공하고 산출근거 자료를 보관만 하면 법 위반이나 매출액에 대한 책임이 없나요?

A. 가맹사업법에서 예상 매출액과 수익액 정보를 서면으로 제공하고 관련 산출근거 자료를 보관할 의무가 가맹본부에 있는 것은 관련 문제 발생 시 해당자료를 확인하며 가맹희망자나 가맹점사업자를 보호하기 위한 장치이다. 가맹본부가 예상 매출액과 수익액 정보를 제공함에 있어 중요한 것은 객관적 근거에 따른 정보를 제공하는 것이며, 특정 점포나 특정 기간의 가맹점사업자의 매출액이나 수익액 정보를 제공하지 않아야 한다. 가맹본부는 가맹희망자가 운영할 가맹점의 예상 매출액이나 수익액을 알 수 없다. 다양한 예측 프로그램이나 시스템을 갖추어도 100% 정확하게 추정할 수 없으므로 예상 매출액이나 수익액 정보는 제공하지 않는 것이 바람직하며, 가맹사업법에서 예상매출액 산정서를 제공하도록 정한 가맹본부는 법률에서 정한 방식에 따라 작성하여야 분쟁과 책임을 최소화할 수 있다.

Q. 가맹본부는 가맹희망자에게 예상매출액 산정서를 제공할 의무가 있나요?

A. 일부 가맹본부에 한하여 제공할 의무가 있다. 예상매출액 산정서를 제공할 의무가 있는 가맹본부는 중소기업자가 아닌 가맹본부나 직전 사업연도 말 기준 동일한 영업표지를 사용하는 가맹점사업자가 100개 이상인 가맹본부이며, 가맹계약을 체결할 때 가맹희망자에게 제공하도록 정하고 있다.

Q. 예상매출액 산정서는 어떻게 작성하나요?

A. 예상매출액 산정서는 가맹본부 예측에 의한 방식으로 작성할 수도 있고, 가맹사업법에 따른 인근 가맹점 매출액을 활용한 방식으로 작성할 수도 있다. 가맹희망자의 점포예정지가 속한 광역자치단체에 가맹점이 5개 이상 소재한 경우 가장 인접

한 5개 가맹점 중 직전 사업연도 매출환산액이 가장 작은 가맹점과 가장 큰 가맹점을 제외한 나머지 3개 가맹점을 기준으로 최고액과 최저액을 산출하며 작성한다. 점포예정지가 속한 광역자치단체에 가맹점(직전 사업연도의 영업기간이 6개월 이상인 가맹점으로 한정)이 5개 이하인 경우 가맹본부 예측에 의한 방식으로 작성할 수밖에 없으며 향후 예상매출액과 관련하여 책임이 있을 수 있으므로 객관적 근거를 통해 작성되어야 한다. 또, 가맹본부 예측에 의한 방식으로 작성하는 경우 범위는 최고액 최저액의 1.7배 초과하지 않는 범위에서 작성해야 한다.

Q. 인근 가맹점 매출액을 활용한 방식의 예상매출액이 높은 경우 가맹본부 예측에 의한 방식으로 예상매출액을 낮게 설정하는 것이 좋나요?

A. 가맹본부 예측에 의한 방식으로 작성된 예상매출액 산정서는 가맹본부의 책임이 있을 수 있으므로 가맹희망자의 점포예정지가 속한 광역자치단체에 가맹점(직전 사업연도의 영업기간이 6개월 이상인 가맹점으로 한정)이 5개 이상 소재한 경우 인근 가맹점 매출액을 활용한 방식으로 작성하는 것이 바람직하다.

8. 2 인근가맹점 매출액을 활용한 방식에 따른 예상매출액 산정서

인근가맹점 매출액을 활용한 방식에 따른 예상매출액 산정서를 작성할 때 사용하는 서식이다.

※ 이 예상매출액 산정서는 2부를 작성하여 양 당사자가 1부씩 보관합니다.　　　가맹본부용

예상매출액 산정서

영업표지		예정 가맹점명	
가맹희망자 성명		점포예정지 전용면적(㎡)	
점포예정지 주소			

■ 직전 사업연도 인근 가맹점 매출환산액의 범위 및 산출근거[VAT 미포함]

구 분	직전 사업연도 전용면적 1㎡당 매출액	직전 사업연도에 발생한 매출액
최고액 (차상위액)	천원	천원(　　㎡)
최저액 (차하위액)	천원	천원(　　㎡)

1. 이 예상매출액 산정서는 가맹사업거래의 공정화에 관한 법률 제9조제5항 및 같은 법 시행령 제9조제4항에서 정한 바에 따라 작성되었습니다. 가맹희망자는 사전에 내용의 타당성을 충분히 파악한 후 가맹계약 체결 여부를 결정하시기 바랍니다.

2. 가맹희망자의 점포예정지가 속한 해당 특별시·광역시·특별자치시·도·특별자치도에 소재하면서 가맹희망자의 점포예정지에서 가장 인접한 가맹본부의 5개 가맹점 중 다음 3의 계산방법에 따라 직전 사업연도 매출환산액이 가장 작은 가맹점과 가장 큰 가맹점을 제외한 나머지 3개 가맹점을 기준으로 최고액과 최저액을 기재하였습니다.

3. 직전 사업연도 매출환산액은 인근 가맹점의 점포 전용면적을 기준으로 산출하였으며, 그 계산 방법은 다음과 같습니다.(영업기간이 6개월 미만인 경우 제외)

$$※\ 직전\ 사업연도\ 매출환산액 = \frac{직전\ 사업연도에\ 발생한\ 매출액(원)}{점포\ 전용면적(㎡)} \times \frac{365}{직전\ 사업연도\ 영업일수}$$

4. 위 3의 직전 사업연도(202*년)에 발생한 매출액은 가맹점의 POS 자료를 근거로 기재하였습니다.
5. 산출근거로 활용한 가맹점의 점포 전용면적, 직전 사업연도에 발생한 매출액, 직전 사업연도 영업일수는 가맹본부의 자료에 기초한 것이므로 실제와 일부 차이가 있을 수 있습니다.

■ 매출액 미보장

가맹희망자는 가맹희망자가 운영할 가맹점의 실제 매출액은 상권변화, 고객변화, 가맹점사업자의 노력차이 등 기타 환경변화에 따라 변동될 수 있으므로 예상매출액을 전적으로 신뢰하지 않아야 함을 확인하며, 가맹본부가 가맹희망자에게 예상매출액을 보장하는 것이 아님을 확인합니다.

■ 비밀유지 및 반환

예상매출액 산정서의 내용은 가맹본부의 영업비밀이므로 가맹희망자는 제3자에게 제공하거나 공개 등을 할 수 없으며, 가맹계약 미체결 또는 가맹계약이 해지되거나 종료되는 경우 예상매출액 산정서를 가맹본부에 반환하여야 합니다.

이 산정서는   년   월   일을 기준으로 작성하였습니다.

가맹본부 :   (인)

가맹희망자 :   (인)

가맹본부
내부보관용

예상매출액 산정서 작성 시 근거자료

1. 이 근거자료는 가맹본부 내부보관용이므로 가맹희망자에게 제공할 의무가 없습니다.
2. 향후 분쟁발생 시 해당 가맹점의 예상매출액 산정서 작성 시 활용한 가맹점을 확인하기 위한 자료입니다.
3. 예상매출액 산정서와 함께 보관하시면 됩니다.

■ 예상매출액 산정 시 인근 가맹점 매출환산 현황

아래 표는 가맹희망자의 점포예정지가 속한 해당 특별시·광역시·특별자치시·도·특별자치도에 소재하면서 가맹희망자의 점포예정지에서 가장 인접한 5개 가맹점의 매출환산액이며, 매출환산액이 가장 작은 가맹점과 가장 큰 가맹점을 제외한 나머지 3개 가맹점을 기준으로 최고액과 최저액으로 설정하여 제공하여야 합니다.

매출액 순위	가맹점명	전용면적 1㎡당 매출액 [VAT 미포함]	비고
1		천원	제외
2		천원	최고액
3		천원	해당없음
4		천원	최저액
5		천원	제외

영업표지		예정 가맹점명	
가맹희망자 성명		점포예정지 전용면적(㎡)	
점포예정지 주소			

※ 이 예상매출액 산정서는 2부를 작성하여 양 당사자가 1부씩 보관합니다.　　가맹희망자용

예상매출액 산정서

영업표지		예정 가맹점명	
가맹희망자 성명		점포예정지 전용면적(㎡)	
점포예정지 주소			

■ 직전 사업연도 인근 가맹점 매출환산액의 범위 및 산출근거[VAT 미포함]

구 분	직전 사업연도 전용면적 1㎡당 매출액	직전 사업연도에 발생한 매출액
최고액 (차상위액)	천원	천원(　　㎡)
최저액 (차하위액)	천원	천원(　　㎡)

1. 이 예상매출액 산정서는 가맹사업거래의 공정화에 관한 법률 제9조제5항 및 같은 법 시행령 제9조제4항에서 정한 바에 따라 작성되었습니다. 가맹희망자는 사전에 내용의 타당성을 충분히 파악한 후 가맹계약 체결 여부를 결정하시기 바랍니다.

2. 가맹희망자의 점포예정지가 속한 해당 특별시·광역시·특별자치시·도·특별자치도에 소재하면서 가맹희망자의 점포예정지에서 가장 인접한 가맹본부의 5개 가맹점 중 다음 3의 계산방법에 따라 직전 사업연도 매출환산액이 가장 작은 가맹점과 가장 큰 가맹점을 제외한 나머지 3개 가맹점을 기준으로 최고액과 최저액을 기재하였습니다.

3. 직전 사업연도 매출환산액은 인근 가맹점의 점포 전용면적을 기준으로 산출하였으며, 그 계산 방법은 다음과 같습니다.(영업기간이 6개월 미만인 경우 제외)

$$※ \text{직전 사업연도 매출환산액} = \frac{\text{직전 사업연도에 발생한 매출액(원)}}{\text{점포 전용면적(㎡)}} \times \frac{365}{\text{직전 사업연도 영업일수}}$$

4. 위 3의 직전 사업연도(202*년)에 발생한 매출액은 가맹점의 POS 자료를 근거로 기재하였습니다.

5. 산출근거로 활용한 가맹점의 점포 전용면적, 직전 사업연도에 발생한 매출액, 직전 사업연도 영업일수는 가맹본부의 자료에 기초한 것이므로 실제와 일부 차이가 있을 수 있습니다.

■ **매출액 미보장**

가맹희망자는 가맹희망자가 운영할 가맹점의 실제 매출액은 상권변화, 고객변화, 가맹점사업자의 노력차이 등 기타 환경변화에 따라 변동될 수 있으므로 예상매출액을 전적으로 신뢰하지 않아야 함을 확인하며, 가맹본부가 가맹희망자에게 예상매출액을 보장하는 것이 아님을 확인합니다.

■ **비밀유지 및 반환**

예상매출액 산정서의 내용은 가맹본부의 영업비밀이므로 가맹희망자는 제3자에게 제공하거나 공개 등을 할 수 없으며, 가맹계약 미체결 또는 가맹계약이 해지되거나 종료되는 경우 예상매출액 산정서를 가맹본부에 반환하여야 합니다.

이 산정서는   년   월   일을 기준으로 작성하였습니다.

가맹본부 :   (인)

가맹희망자 :   (인)

가맹사업 궁금한 이야기 8

월간 창업앤프랜차이즈 2018년 2월 기고

가맹본부의 물류공급 이익에서 로열티 이익으로의 전환

최근 가맹본부가 가맹점사업자에게 물품을 공급하면서 불공정거래행위가 발생하여 처벌을 받는 사례가 늘고 있다. 이에 대한 가맹본부의 대응책으로 물품공급 이익에서 로열티 이익으로의 전환을 검토해 보고자 한다.

김밥전문점을 운영하는 A가맹본부는 가맹계약서와 정보공개서에 매월 10만원의 로열티를 가맹점사업자가 가맹본부에 브랜드 사용료로 지급하는 것으로 되어 있으나 가맹계약 체결 시 로열티를 면제하는 것으로 계약을 체결하고 있다.

그 이유는 많은 가맹희망자가 가맹본부의 노하우에 대한 권리인 지식재산권에 대한 인식이 낮고, 가맹본부가 다른 프랜차이즈와의 경쟁에서 더 좋은 계약조건으로 가맹점사업자를 모집하기 위해서다.

A가맹본부는 가맹점사업자에게 공급하는 물품에서 발생하는 이익으로 가맹본부를 운영하고 있으나, 최근 공정거래위원회에서 공산품 등 노하우 없는 물품에 대해서 강제하는 경우 처벌을 강화하고 있고, 가맹점사업자에게 대량 구매를 통해 공급가를 낮추려고 노력하고 있으나 인터넷 최저가로 공급하기에는 어려움이 있으며 더구나 덤핑물품을 무자료거래로 구입하는 가맹점사업자가 늘고 있어 더욱 어려운 실정이다.

사면초가인 가맹본부의 현 상황을 해결하는 방안으로 물품공급 이익에서 로열티 이익으로 전환하는 방안을 제시하고자 한다.

지난해 A가맹본부에서 운영 중인 브랜드 가맹점사업자의 월평균 매출액은 3,000

만원으로 나타났다. 그중 원·부자재가 차지하는 비중은 총금액의 40%이었다. 그러나 일부 물품을 사용하지 않는 가맹점이 있어 실제로 가맹본부가 가맹점사업자에게 공급하는 원·부자재의 비율은 총매출액의 3,000만원 중 35%를 차지할 뿐이었다. 이것을 금액으로 환산해 보면 가맹본부는 월평균 1,050만원의 물품을 가맹점사업자에게 공급하고 있는 것이었다. 본 금액을 기준으로 가맹본부의 물품공급 이익을 추산해 보면, 가맹본부의 물품공급 이익률이 10%이므로, 이 경우 가맹본부가 얻는 물품공급 이익은 105만원이다. 이것은 가맹점 매출액의 3.5%에 해당한다.

대부분의 가맹점사업자는 가맹본부로부터 물품을 100% 공급받으므로 매출액의 4%에 해당하는 금액을 가맹본부의 물품공급 이익으로 지급한다. 그러나 가맹본부로부터 물품을 100% 공급받지 않는 일부 가맹점사업자가 포함되어 가맹본부의 물품공급 이익은 4%에서 3.5%로 낮아지게 되었다.

A가맹본부는 가맹점사업자에게 공급하는 물품의 가격을 10% 인하하고, 가맹점 매출액의 3.5%를 로열티로 가맹본부에 지급하는 정책을 시행할 수 있다.

가맹점사업자의 평균 월매출액이 3,000만원인 경우 가맹본부로부터 공급받는 물품공급액은 1,200만원이 된다. 이 금액의 10% 인하 금액은 120만원이 된다.

로열티의 금액을 산출해 보면, 3,000만원 매출액의 3.5%인 금액은 105만원이 된다.

가맹점사업자 입장으로 보면 물품공급 가격이 10% 인하된 금액과 로열티 금액의 차액분이 매월 15만원 발생한다. 가맹본부의 입장에서 보면, 물품공급 이익으로 운영하면서 발생할 수 있는 공정거래위원회의 규제에 대한 부담을 덜어 내면서, 물품공급 이익분만큼의 이익을 유지할 수 있다. 더욱이 가맹사업자업자에 대한 물품관리 비용을 줄일 수 있고 규격 물품을 사용하지 않아 발생하는 고객 불만 등이 감소하여 브랜드 충성도가 올라가 가맹점의 매출이 증가하는 효과가 있다. 다만, 가맹본부로부터 대부분의 물품을 공급받지 않았던 가맹점사업자의 경우는 로열티 제도가 변경되는 것이 이익이 되지 않을 수 있다.

A가맹본부는 새로운 로열티 제도를 시행하면서 몇 가지 준비가 필요하다.

첫째, 가맹점사업자에게 물품공급 가격을 인하하고 로열티 제도를 시행하는 내용에 대해 상세하게 안내해야 한다. 이는 제도를 숙지하지 못해서 오는 가맹점사업자의 거부감을 해소한다.

둘째, 로열티 제도의 시행에 대해 가맹점사업자의 동의서를 받는다.

마지막으로 동의서를 작성하지 않는 가맹점사업자에게 로열티 제도를 바로 시행한다면, 부당한 계약조건 변경이 될 수 있다. 따라서, 향후 가맹계약 갱신 시에 새로운 로열티 제도로 변경된 계약조건으로 가맹계약을 갱신하고 로열티 제도를 시행하여야 할 것이다.

로열티는 가맹본부가 가맹점사업자에게 계속적으로 제공하는 노하우에 대한 정당한 대가이다. 그동안 국내 프랜차이즈의 경우 로열티 없이 불투명한 물품공급 이익으로 운영하는 것이 관행으로 인식됐다.

최근 공정거래위원회에서 프랜차이즈업계에 로열티 제도를 적극적으로 권장하고 있다. 가맹본부의 적극적인 의지를 통해 가맹본부와 가맹점사업자에게 함께 이익이 되는 로열티 제도 도입을 긍정적으로 검토할 시기라고 생각된다.

9. 정보공개서

9. 1 정보공개서 정기변경등록

가맹사업법 제6조의2(정보공개서의 등록 등) 제2항에서 "가맹본부는 제1항에 따라 등록한 정보공개서의 기재사항 중 대통령령으로 정하는 사항을 변경하려는 경우에는 대통령령으로 정하는 기한 이내에 공정거래위원회 또는 시·도지사에게 기재사항의 변경등록을 하여야 한다. 다만, 대통령령으로 정하는 경미한 사항을 변경하려는 경우에는 신고하여야 한다."로 정하고 있다.

정보공개서 정기변경등록은 매 사업연도가 끝난 후 120일 이내에 변경등록신청을 하여야 하는 것이며, 재무제표를 작성하는 개인사업자인 가맹본부는 매 사업연도가 끝난 후 180일 이내에 변경등록신청을 하여야 한다.

필수적인 정보공개서 변경 내용은 아래와 같다.
- 바로 전 3개 사업연도 재무상황
- 바로 전 사업연도 말 임직원 수
- 바로 전 3개 사업연도 말 전국 및 광역지방자치단체별 가맹점과 직영점 총수
- 바로 전 3개 사업연도 말 신규개점, 계약종료, 계약해지, 명의변경 가맹점의 수
- 해당가맹사업 외 가맹본부(특수관계인) 가맹사업현황
- 바로 전 사업연도 가맹점사업자의 평균매출액
- 가맹지역본부가 관리하는 바로 전 사업연도 말 가맹점 수
- 해당 가맹사업 관련 바로 전 사업연도에 지출한 광고비 및 판촉비

변경등록을 하지 않는 경우

가맹사업법 제43조 제6항 제1호에서 "기한 내에 변경등록을 하지 아니하거나 거짓으로 변경등록을 한 자"에게 1천만원 이하의 과태료를 부과한다고 규정하고 있다. 따라서, 기한 내에 정기변경등록을 하지 않는 경우 과태료 부과 대상이 될 수 있다.

가맹사업을 중단하는 경우

가맹본부는 가맹사업을 중단하거나 가맹점을 추가 모집하지 아니하는 경우 가맹본부는 공정거래위원회에 등록된 정보공개서에 대하여 자진취소 요청을 하여야 한다. 자진취소 요청서는 공정거래위원회 가맹사업거래 사이트에서 내려받을 수 있다.

가맹본부가 가맹사업을 중단하였지만 정보공개서에 대한 변경등록이나 자진취소를 하지 않는 경우 과태료 부과와 함께 공정거래위원회에 등록된 정보공개서가 직권취소된다.

9. 2 정보공개서 변경등록 기한

가맹본부가 정보공개서의 내용이 변경되었음에도 수시변경을 하지 않는 경우 1,000만원 이하의 과태료를 받을 수 있으므로 가맹본부는 정보공개서의 변경사항이 발생하면 즉시 변경등록을 하도록 하여야 한다. 정보공개서에 대한 수시변경등록, 정기변경등록, 가맹희망자 제공 등 작성과 관리에 대해 가맹사업법 전문가인 가맹거래사로부터 자문을 받아 법 위반을 예방할 수 있다.

가맹본부는 등록한 정보공개서의 기재사항을 변경하려는 경우 다음과 같은 변경기한 내에 변경등록 또는 변경신고를 하여야 한다. 변경기한 내에 변경등록 또는 변경신고를 이행하지 않을 경우에는 1차 위반 시 200만원의 과태료, 2차 위반 시 500만원의 과태료, 3차 이상 위반 시 1,000만원의 과태료가 부과된다.

	변경기한	정보공개서 변경 내용
변경 등록	변경사유가 발생한 날부터 30일 이내	**제1호 전체** 정보공개서의 표지, 가맹본부 상호, 영업표지, 주된 사무소 소재지, 인터넷홈페이지 주소, 가맹사업담당 부서, 가맹사업 안내 전화번호 **제2호 가맹본부의 일반정보** 가. 설립일 (법인-등기일, 개인-최초사업자등록일), 법인등록번호, 사업자등록 번호 나. 가맹본부의 명칭(상호), 영업표지, 주사무소의 소재지, 대표자 이름, 대표 전화번호 다. 외국기업인 경우 : 국내에서 영업을 허락받은 기간 추가 (타사업자에게 국내에서 가맹사업운영권을 부여한 경우) 라. 가맹본부의 인수, 합병 내역 마. 가맹희망자가 앞으로 경영할 해당 가맹사업 : 명칭, 상호, 서비스표 등 그 밖의 영업표지 사. 가맹본부 현 임원 중 대표자의 명단 및 최근 3년간 개인별 사업경력 자. 가맹본부 및 특수관계인의 최근 3년간 가맹사업 경영사실 **제3호 가맹본부의 가맹사업 현황** 나. 해당 가맹사업 연혁 **제4호 전체 가맹본부 및 임원의 법 위반사실**

변경 등록	변경사유가 발생한 분기가 끝난 후 30일 이내	**제2호 가맹본부의 일반정보** 차. 사용을 허용하는 지식재산권에 관한 정보 : 등록 및 등록신청여부(등록이 거부된 경우 그 사실 등), 지식재산권 소유권 및 등록신청자 이름, 사용이 허용되는 지식재산권의 등록만료일, 가맹본부가 지식재산권의 사용을 허용받은 기간 및 사용범위 **제3호 가맹본부의 가맹사업 현황** 자. 1) 지역본부의 일반정보 (상호, 주된 사무소 소재지, 대표자 이름, 대표전화번호, 관리지역 가맹본부와 맺은 계약기간) 　 2) 가맹지역본부가 가맹계약 체결의 상대방인지 여부 **제5호 가맹점사업자의 부담** 가. 전체: 영업개시 이전의 부담 나. 1) 영업 중 가맹점사업자의 부담과 반환조건 및 반환될 수 없는 경우(사유) 　 3) 가맹점사업자에 대한 감독(재고관리·회계처리) 다. 계약 종료 후 부담 **제6호 영업활동에 대한 조건 및 제한** 라. 상품 또는 용역, 거래상대방 및 가맹점사업자의 가격 결정 제한 마. 영업지역 보호 내용 바. 계약기간, 계약의 갱신·연장·종료·해지 및 수정 내용 사. 가맹점운영권의 환매·양도·상속 및 대리 행사, 경업금지, 영업시간 제한, 가맹본부의 관리·감독 등 아. 광고 및 판촉 활동 자. 해당 가맹사업의 영업비밀 보호 등에 관한 내용 차. 가맹계약 위반으로 인한 손해배상에 관한 사항 **제8호 전체 경영 및 영업활동 등에 대한 지원** **제9호 전체 교육, 훈련에 대한 설명**
	매 사업연도가 끝난 후 120일 이내 다만, 재무제표를 작성하는 개인사업자인 가맹본부는 매 사업연도가 끝난 후 180일 이내	**제2호 가맹본부의 일반 현황** 바. 가맹본부의 재무현황(직전 3개 사업연도) 1) 대차대조표 및 손익계산서 2) 가맹사업 관련 매출액(영업표지별) 3) 개인사업자의 법인 전환 시 종전 개인사업의 1)의 정보 아. 임직원 수(직전 사업연도 말) **제3호 가맹본부의 가맹사업 현황** 다. 해당 가맹사업의 업종 라. 전국 및 광역지방자치단체별 가맹점과 직영점 총수 (직전 3개 사업연도 말) 마. 직전 3년간 가맹점 수 변동 사항(신규개점, 계약종료, 계약해지, 명의변경) 바. 해당 가맹사업 외 가맹본부(특수관계인) 가맹사업 현황

변경 등록	매 사업연도가 끝난 후 120일 이내 다만, 재무제표를 작성하는 개인사업자인 가맹본부는 매 사업연도가 끝난 후 180일 이내	사. 직전 사업연도 가맹점사업자당 연간 평균매출액 아. 직전 사업연도 말 현재 영업 중인 가맹점사업자의 평균 영업기간 자. 해당 가맹사업 경영 지역본부 정보 중 3) 가맹지역본부가 관리하는 직전 사업연도 말 가맹점 수 차. 해당 가맹사업 관련 직전 사업연도 지출 광고비 및 판촉비 **제5호 가맹점사업자의 부담** 나. 2) 구입요구 품목 구입을 통한 가맹금 지급 가) 직전 사업연도 가맹점당 평균 차액가맹금 지급금액 나) 직전 사업연도 가맹점당 매출액 대비 차액가맹금 지급금액의 비율 **제6호 영업활동에 대한 조건 및 제한** 가. 가맹점사업자가 필요한 물품 구입 또는 임차에 관한 사항 1) 품목, 차액가맹금 수취여부, 주요품목별 직전 사업연도 공급가격 의 상·하한 2) 특수관계인이 경제적 이익(특수관계인의 명칭 등 관련 내용) 3) 거래강제 또는 권장에 따라 거래상대방으로부터 받는 가맹본부의 경제적 이익 내용 4) 가맹본부가 가맹점사업자에게 특수관계인과 거래할 것을 강제한 품목관련 특수관계인의 경제적 이익 내용 나. 가맹본부의 온라인·오프라인 판매에 관한 사항 1) 바로 전 사업연도 말 기준 연간 국내매출액 중 온라인과 오프라인의 매출액 비중 2) 바로 전 사업연도 말 기준 국내 판매상품 중 온라인과 오프라인 전용 판매상품의 비중 **제10호 전체 직영점 운영 현황** 가. 바로 전 사업연도 말 기준 전체 직영점의 명칭 및 소재지 나. 바로 전 사업연도 말 기준 전체 직영점의 평균 운영 기간 다. 바로 전 사업연도 말 기준 전체 직영점의 연간 평균 매출액
	변경기한	**정보공개서 변경 내용**
변경 신고	변경사유가 발생한 분기가 끝난 후 30일 이내	**제2호 가맹본부의 일반 현황** 나. 가맹본부의 특수관계인 명칭, 상호, 영업표지, 주된 사무소 소재지, 대표자이름, 대표전화번호 사. 대표자 이외의 임원 명단 및 사업경력 **제3호 가맹본부의 가맹사업 현황** 가. 해당 가맹사업 시작한 날 카. 가맹금예치에 관한 사항 타. 피해보상보험계약 체결 등의 내역 **제7호 전체** 가맹사업의 영업개시에 관한 상세한 절차와 소요기간

가맹사업 궁금한 이야기 9

월간 창업앤프랜차이즈 2017년 7월 기고

가맹계약서로 알아보는 착한 프랜차이즈

 최근 일부 프랜차이즈의 갑질 문제가 사회적으로 이슈가 되면서 착한 프랜차이즈가 주목을 받고 있다. 착한 프랜차이즈에 대한 명확한 정의가 없는 상태에서 많은 가맹본부는 여러 가지 이유를 들어 착한 프랜차이즈라고 주장하고 있다. 여기에서는 가맹계약서를 통해 착한 프랜차이즈에 대해 알아보고자 한다.

 올해 초부터 시작된 가맹본부의 갑질에 대한 이슈는 계속되고 있다. 공정거래위원회는 50개 외식 프랜차이즈에 대한 물품마진을 조사하고 있고 한국프랜차이즈산업협회는 10월까지 가맹본부와 가맹점사업자 간 상생 혁신안을 마련하기로 하였다.
 프랜차이즈에 대한 부정적인 뉴스가 이슈가 되면서 그 대안으로 착한 프랜차이즈에 대한 관심이 높아지고 있다. 이러한 시류에 편승하여 많은 가맹본부는 당사가 착한 프랜차이즈라고 주장하고 있다.

 착한 프랜차이즈가 된다는 것은 어떤 노력을 한다는 것일까?
 "가맹점이 살아야 본사도 산다."라는 경영이념을 외치는 가맹본부, 가맹비와 로열티를 받지 않는다는 가맹본부, 가맹점사업자에게 메뉴를 추가할 수 있는 권한을 준다는 가맹본부 등이 나타나고 있다. 착한 프랜차이즈가 되기 위한 가맹본부의 주장이 난무하다.

 그 주장을 면밀하게 살펴보면 몇 가지 의구심이 든다. 경영이념을 외치는 가맹본부의 행보를 살펴보면 구호만 외치며 실제 행함이 없는 경우가 대부분이다. 또한, 가맹비와 로열티는 가맹본부의 노하우에 대한 대가로 지급하는 것인데 이를 받지 않는다면, 이러한 경우는 불투명한 수익원이 있을 가능성이 높은 편이다. 그리고 가맹점사업자에게 메뉴 추가의 권한을 준다는 주장에 대해서는 가맹본부가 노하우가 없다는 것을 역으로 말하는 것이나 다름없지 않은가 하는 생각이 먼저 들게 된다.

착한 프랜차이즈에 대해서는 다양한 부문에서 여러 기준으로 평가할 수 있을 것이다. 그러나 필자는 가맹거래사로 업무를 하면서 나름 착한 프랜차이즈에 대한 생각을 정립하게 되었다. 그 기준으로 가맹계약서로 알아보는 착한 프랜차이즈의 계약조건에 대해 알아보기로 한다.

착한 프랜차이즈의 가맹계약서에는 가맹본부의 의무사항이 많다.
공정거래위원회가 사용을 권장하고 있는 표준 가맹계약서에도 가맹점사업자의 의무사항이 중요사항으로 작성되어 있고 가맹본부의 의무사항은 거의 없다. 그런데도 착한 프랜차이즈는 가맹계약서에 가맹본부의 의무사항을 정하고 있다. 가맹본부의 의무사항이 많은 가맹본부가 특히 좋은 가맹본부다.

가맹본부의 의무사항으로는 어떤 것이 있나?
가맹점을 관리하는 경영지도 규정, 신메뉴 등 판매 상품의 업그레이드를 위한 상품개발 규정, 인지도 및 매출 활성화를 위한 광고 및 판촉 규정 등이 있다.

착한 프랜차이즈가 아닌 가맹본부의 가맹계약서에도 경영지도, 상품개발, 광고 및 판촉 규정이 있다. 그런데 착한 프랜차이즈와 일반적인 프랜차이즈는 마지막 문구가 다르다.

일반적인 프랜차이즈의 관련 규정의 마지막 문구가 "할 수 있다"로 끝난다. 할 수 있으므로 하지 않을 수도 있다. 하는 것이 의무사항이 아니므로 하지 않아도 계약위반이 아니다. 형식에 불과한 내용으로 가맹본부의 의무사항이 아니라 권리라고 볼 수 있다. 가맹본부가 경영지도, 상품개발, 광고 및 판촉을 할 수 있는 권리이지만 많은 가맹희망자나 가맹점사업자는 이러한 내용을 잘 모르고 가맹본부의 의무라고 인식하는 경우가 많다.

착한 프랜차이즈의 가맹계약서는 마지막이 "해야 한다" 또는 "한다"로 끝난다. 가맹본부가 해야 하는 의무사항이다. 가맹본부가 하지 않는 경우 계약위반이 된다.

경영지도와 관련된 규정을 살펴볼까?

공정거래위원회 표준 가맹계약서에서도 "가맹본부는 가맹점사업자의 경영 활성화를 위하여 경영지도를 할 수 있다."라고 되어 있으나 착한 프랜차이즈의 가맹계약서에서는 "가맹본부는 가맹점사업자의 경영 활성화를 위하여 경영지도를 해야 한다."로 규정하고 있거나 더 구체적으로 "가맹본부는 가맹점사업자의 경영 활성화를 위하여 주 1회 이상 경영지도를 해야 한다."로 운영하는 착한 프랜차이즈도 있다.

따라서, 가맹계약서에서 가맹본부와 관련하여 "할 수 있다"는 규정이 아닌 "해야 한다"는 규정을 확인하면 착한 프랜차이즈를 선별할 수 있다.

가맹계약서 내용	일반 프랜차이즈	착한 프랜차이즈
가맹본부는 가맹점사업자에게 경영지도를	할 수 있다.	해야 한다.
가맹본부는 상품개발을	할 수 있다.	해야 한다.
가맹본부는 광고 및 판촉 활동을	할 수 있다.	해야 한다.
가맹본부는 가맹점사업자에게 교육을	할 수 있다.	해야 한다.

이처럼 프랜차이즈 가맹점 창업희망자는 가맹계약서를 통해 착한 프랜차이즈를 조금이나마 분별할 수 있을 것이다. 또한, 가맹본부는 가맹계약서에 가맹본부의 의무사항을 추가하거나 내용을 변경하여 착한 프랜차이즈에 맞는 가맹계약서를 운영할 수 있다.

가맹계약서에 가맹점사업자의 의무만을 열거하는 것이 아니라 가맹본부와 가맹점사업자 모두의 권리와 의무를 정하고 가맹본부와 가맹점사업자가 이를 성실하게 준수하여 공정하고 성공적인 프랜차이즈가 되길 기대한다.

10. 윤성만프랜차이즈법률원 소개

1. 주요업무

1) 가맹계약서 작성 자문
가맹본부의 권리를 주장하고 가맹점사업자와의 분쟁을 예방할 수 있는 가맹계약서 작성을 자문합니다. 가맹본부의 정책이 반영된 가맹계약서는 가맹사업의 성장을 돕습니다.

2) 정보공개서 작성 자문
정보공개서는 가맹계약서에서 정한 내용과 법률에서 정한 내용에 대해 허위내용이 없어야 하고 누락사항 없이 작성하는 것이 중요합니다.

3) 정보공개서 변경등록 자문
등록된 정보공개서 내용이 변경된 경우 신속하고 정확하게 변경된 내용을 수정하여 변경등록을 할 수 있도록 자문합니다.

4) 가맹사업 분쟁 자문
가맹본부와 가맹점사업자 사이에 다양한 문제로 발생된 분쟁을 원인부터 분석하여 원만하게 분쟁을 해결하며, 동일하거나 유사한 분쟁이 발생하지 않도록 시스템을 개선할 수 있도록 지원합니다.

5) 가맹사업 관련 자문
영업지역, 물품사입, 미수금, 허위과장 된 정보제공 등 가맹사업과 관련된 다양한 문제를 2007년부터 수많은 가맹본부를 자문한 경험으로 함께 고민하고 최선의 해결안을 제안합니다.

6) 기타 계약 자문

지사계약서, 인테리어계약서, 물품공급계약서 등 계약내용별 최적의 계약조건을 설계하여 모든 계약당사자가 만족하고 분쟁이 발생하지 않는 계약을 할 수 있도록 자문을 하고 있으며, 기업법무팀, 법률사무소 등에서도 계약조건 설계에 대한 자문을 얻고 있습니다.

2. 윤성만프랜차이즈법률원의 경쟁력

1) 지속적으로 성공적인 프랜차이즈를 연구했습니다.

1999년부터 프랜차이즈를 공부하고 일하며 성공적인 프랜차이즈만 생각했습니다.

지금까지 1,200여 개의 가맹본부를 자문하면서, 다양한 계약조건, 수익모델, 프랜차이즈구조, 분쟁사례 등의 경험으로 가맹본부가 희망하는 성공적인 가맹사업을 할 수 있도록 돕습니다.

2) 신속하고 정확한 답변

지금 겪고 있는 문제는 다른 가맹본부에서 이전에 발생하였고 해결한 문제입니다.

오랜 기간 동안 다양한 업종의 프랜차이즈를 자문하면서 가맹본부와 함께 고민하고 해결한 경험으로 가맹본부의 문제에 대해 해결안을 제시할 수 있는 강점이 있는 가맹거래사 사무소입니다.

가맹사업의 문제가 발생하여 문의를 주시면 다음 날까지 검토 후 답변을 받을 수 있는 믿을 수 있는 파트너입니다.

3. 윤성만프랜차이즈법률원 소식지 붕어빵 신청

윤성만프랜차이즈법률원에 연락 주시면 자세한 안내를 받을 수 있습니다.

전화: 02-553-3033
팩스: 02-6008-3144
메일: fc123@hanmail.net
홈페이지: www.fc123.co.kr

윤성만프랜차이즈법률원은 가맹본부가 가맹사업법을 준수하여 공정한 프랜차이즈 사업 문화가 정착되기를 희망하며 가맹사업법과 소식지를 매달 발행하고 있습니다. 구독 신청하세요.

4. 자문문의

○ 책임 한정 및 면책 조항

본 책은 가맹사업법 실무에 대한 정보를 제공하기 위해 작성되었으며, 법적 자문을 대체하는 목적이 아닙니다. 본 책의 내용은 최신 법률과 규정을 반영하고자 최선을 다했으나, 특정 상황에 따라 적용 결과가 다를 수 있습니다. 따라서 본 책을 참고하여 발생할 수 있는 법적 문제나 손해에 대해 저자는 어떠한 책임도 지지 않음을 명확히 밝힙니다. 구체적인 법률 문제에 대해서는 반드시 전문 법률가의 자문을 받으시기 바랍니다.